菅政権と米中危機

「大中華圏」と「日米豪印同盟」のはざまで

手嶋龍一
外交ジャーナリスト・作家

佐藤 優
作家・元外務省主任分析官

710
中公新書ラクレ

まえがき

超大国アメリカにはいま、大地を切り裂いて地溝帯が深々と走っている——。この国と安全保障同盟の契りを永きに亘って結んできた日本から見ていてそう思う。共和党が多数を占める「レッドステート」と民主党が優勢な「ブルーステート」。二〇二〇年のアメリカ大統領選挙の結果は、全米の五〇州が真っ二つに分かれている様を国際社会に見せつけた。ジョー・バイデンは、ドナルド・トランプの「敗北宣言」なき異例の「勝利演説」に臨んで、「分断でなく統合の大統領を目指す」と訴えた。「我らが大統領はこれからもトランプだ」と叫ぶ人々はホワイトハウスに押しかけてバイデン支持派と鋭く対峙している。四年にいちど巡りくる戦火は熄《や》んだが、「二つのアメリカ」の亀裂は、かえって深まっている。

隠れトランプ支持者は、バイデン支持者の報復を恐れてトランプに一票を投じることをひた隠し、繁栄するアメリカの象徴、ニューヨークの五番街の高級店は、窓ガラスを黒い板で覆って選挙後の暴動に備えている。その一方で民主党の支持者たちのなかには、極右組織の暴力を恐れて自らが暮らす街から抜け出す光景も見受けられた。

分かれたる家は立つこと能わず——。共和党のリンカーン大統領は、史上類を見ない悲惨な内戦を戦った祖国を結束させるため、至上の信念である奴隷解放への歩みを緩めることまでした。そんな生みの苦しみを経て、合衆国は「アメリカの世紀」への道を歩んでいった。だが、「リンカーンの国」はいま、南北戦争以来の危機に直面している。

トランプという異形の大統領は、尾羽打ち枯らして政治の表舞台から姿を消しつつある。トランプという名の嵐が通り過ぎれば、かつてのアメリカが蘇るだろう——そう期待する者はやがて厳しい現実に裏切られるにちがいない。トランプ大統領を生んだこの国の現況が変わったわけではないからだ。「トランプのアメリカ」は、結果であって原因ではない。トランプは「アメリカ・ファースト」を叫んで制裁関税を弄んだが、トランプの治世がこの国を保護主義に走らせたわけではない。

「アメリカ版ものづくり産業」の凋落こそが、トランプという異形の指導者を生んだのである。このポピュリスト大統領は二〇一六年の戦いで、中国製品の攻勢で失業の危機に怯える白人労働者層の心を鷲摑みにし、ラストベルト地帯を軒並み攻略してホワイトハウスに入った。翻ってバイデン次期大統領は、ミシガン、ウィスコンシン、ペンシルベニアのラストベルト地帯を奪還してかろうじて勝利した。それゆえ錆びついた工業地帯の白人労働者層を見捨てて、米中貿易戦争を手じまいにすることなど到底かなうまい。

トランプ時代の外交・安全保障政策もまた、「アメリカ・ファースト」に色濃く染めあげられてしまった。東アジアと欧州の主要同盟国に駐留経費の引き上げを求め、自由の理念を分かち合う西側同盟の絆を損なった。東アジアの対中国包囲網を下支えするはずだったTPP（環太平洋経済連携協定）からも離脱してしまった。これこそ、「一帯一路」という名の大中華圏構想に対置されるべき自由の砦だった。バイデン次期民主党政権が、白人労働者層と議会を説得してTPPに復帰を宣言できるかが試金石となろう。

アメリカは決して凋落などしていない――かつてこの国に十数年に亘って暮らし、素顔のアメリカ人に接してきた者としてそう思う。いまも様々な国から若く可能性に満ちた才能を迎え入れ、インターネット・テクノロジーを駆使しながら、ずば抜けた社会・経済システムの構築に圧倒的な力量を見せつけてきた。かつての「奴隷と移民の国」は、巨大なエネルギーを湛《たた》える「多民族国家」に変貌しつつある。それだけにトランプが、人種間の対立を激化させて、アメリカが秘めている未来へのエネルギーを殺《そ》いでしまった罪は重い。

ジョー・バイデンとカマラ・ハリスの正副次期大統領には、アメリカ民主主義の理念の再構築こそが求められている。アメリカは強大な力のゆえでなく、自由な思想と民主政治体制を守り抜くために、持てる力を使ってこそ世界のリーダーたり得るのである。バイデン・ハリスのふたりは、身をもってそれを示してほしいと思う。

超大国アメリカの揺らぎは、日本をはじめとする同盟国との関係をも変えずにはおかない。とりわけ「習近平の中国」が、国家安全維持法を香港に適用して「一国二制度」を葬り去り、南シナ海を内海とし、尖閣諸島を窺うなかにあっては、日米同盟はこれまでにない重みを持ち始めている。

こうした情勢下で新たに船出した菅義偉内閣は、従来の惰性を脱した対米戦略の構築を迫られている。菅総理は、日米同盟をさらに強固なものにしつつ、同時に中国とは良好で安定した関係を築いていくと述べている。東アジアの厳しい現実は、かかる外交辞令で乗り切れるほど生易しいものではなくなりつつある。日本国内では危機感が希薄だが、台湾海峡のうねりは次第に高まりを見せている。台湾海峡に有事が持ち上がった時には、アメリカの同盟国、ニッポンは、超大国と軍事行動を共にするのか。中国に慮って局外中立の道を探るのか。

今回の対論では、そうした判断の礎となる「習近平の中国」をどう見るのかについて佐藤優氏と様々な視点から分析を試みた。アメリカの当局者や戦略専門家は、東西冷戦のソ連にダブらせて、習近平の中国を「マルクス・レーニン主義」と断じている。だが、永くモスクワに在って、ソ連の崩壊を目の当たりにした佐藤優氏は、アメリカの識者たちの見立てに真っ向から異を唱えている。現在の中国は、喪われた大中華圏の版図とその権益、そして過去の栄光を取り戻したいと考えている。だが、スターリンのソ連のようにその思想を輸出して浸透を図ろうとしているわけではない。本書では「スターリンのソ連」と「習近平の中国」の違いを詳しく分析し、海洋強国を呼号する中国といかに向き合っていくべきかを論じてみた。アメリカはしばしば「理念の共和国」と形容されてきた。それだけに、アメリカが分断を乗り超えて、デモクラシーの輝きを取り戻すことが、中華圏の復権を目指すいまの中国を圧倒するカギになる。本書からポスト冷戦時代の本質を汲み取っていただければと願っている。

二〇二〇年十一月八日　バイデン当確の速報に接しつつ

外交ジャーナリスト・作家　手嶋龍一

目次

第二章　アメリカ大統領選と中国

菅政権と米中危機

「大中華圏」と「日米豪印同盟」のはざまで

第一章

米中激突のなか船出する菅政権

「菅機関」は機能するか

佐藤　七年八ヵ月にわたって、日本を率いた安倍晋三総理が、突然、辞意を表明したという緊急報は、世界を驚かせました。二〇二〇年八月二十八日午後のことです。日本の政変が、こんどほど国際社会の注目を集めた例はないと思います。それは主要国の有力メディアの報道ぶりを見れば明らかです。

手嶋　国際政局にぽっかりと空白が生じてしまった。そう受け止めたのでしょう。とりわけ東アジア情勢を観察・分析してきたオブザーバーはそうだったはずです。東アジアという二十一世紀のホットスポットに位置するニッポンの戦略上の重みをよく分かっていますから。

佐藤　ロシアのSVR（連邦対外諜報庁）は、東京にもステーション（支局）を置いて、日本の政局をフォローしています。安倍さんの持病が再発したことは、すでに本国に詳しく報告していたのでしょうが、安倍さんがこんなにも早く辞任してしまうとは思っていなかった。かなり慌てていました。

手嶋　それは、アメリカのＣＩＡ（中央情報局）やイギリスのＭＩ６（秘密情報部）のステーション長にとっても同様でした。しかし、不意打ちを食らった時ほど、日頃から培ってきた情報網と太い人脈がモノを言います。後継の総理候補には誰が有力なのかも含めて東京発の緊急電を本国に打電したことでしょう。

佐藤　手嶋さんが指摘したように、主要国の戦略専門家たちが、安倍辞任によって東アジアに「戦略上の空白」が生じたと受け止めた、その感覚は鋭いといわざるを得ませんね。単に七年八ヵ月という連続在任記録を打ち立てた長期政権が突如終わったというだけではない。トランプという予測不能なリーダーと対話ができる唯一のＧ７指導者でしたから、東アジア・太平洋にまたがる日米同盟という重石が外れるのではと危惧したのも当然です。

手嶋　日本国内では、モリカケ問題など安倍批判が強まり、政権末期の様相を呈していました。しかし、主要国のオブザーバーは、台頭する中国を抑える東アジアの安定秩序、それが安倍政権だと見立てていた。つまり、彼らの「アベ・ロス」はかなりのものだったのです。このように、内外の安倍評にはかなりの落差があったのですが、日本メディアは必ずしもそのニュアンスを報じてはいませんでした。後に詳しく論じますが、安倍晋三という政治リーダーは、異形の大統領たるドナルド・トランプを宥《なだ》めすかして何とか御してきた。一種の「猛獣使い」だと欧米では評価されていたのです（笑）。そのひとが突如として表舞台を去ってしまった喪失感を、『ワシントン・ポスト』紙を代表するコラムニスト、デビッド・イグネイシャスは的確に表現して、さすがだと思います。「予測不可能なトランプ外交が、リーダーシップの真空を生み出しているさなか、国際秩序を盤石なものとするため安倍はたゆまぬ努力を傾けてきた」と述べ、「トランプのアメリカ」が誤った振る舞いをしている時も、アメリカの安全保障は良き同盟国たるニッポンの肩にかかっていたことを肝に銘ずべしと評価しています。

佐藤　二〇二〇年九月十六日には、安倍内閣の官房長官だった菅義偉氏が、後継の内閣総理大臣に就任しました。『ワシントン・ポスト』紙が指摘した「東アジアの戦略的空白」を果たして後継の政権が迅速に埋めることができるか。主要国の関心はこの一点に注がれていたといっていい。一方で、日本国内は、とりわけ永田町と霞が関は、意外なほどに平穏でした。超長期政権の終わりとしては不思議なほどでした。今回の政権交代の際に見られた「不思議な現象」はよく分析しておくべきです。今後の菅政権の在り方を精緻に把握するうえでも重要です。

手嶋　安倍辞任を受けて、自民党内の五つの派閥が雪崩を打つように「菅支持」を打ち出し、菅内閣への流れが一挙に出来上がった。これを今回の「なぎ」の説明として済ませてしまえば、菅政権の本質は見えてきません。菅内閣が淡々と外洋に向けて漕ぎ出していけた要因についての説得力のある説明にはなりません。

佐藤　おおかたの予想とは異なり、早々とこの政権が巡航速度に乗った背景には、日本政治の特異な統治システムがあるのです。菅新総理は、安倍官邸にあった「首相機関」を菅流にアレンジして引き継いだことが大きいと思います。

手嶋　ほう、いかにもラスプーチン流のユニークな見立てですね。何が「特異」なのか、じっくり伺おうじゃありませんか。

佐藤　そのためにはまず、安倍内閣の官邸統治システムを検証しておきましょう。それはひとことで表現するなら「首相機関説」ともいうべきものでした。

手嶋　「天皇機関説」ではなく、「首相機関説」ですか。佐藤ラスプーチン流の造語ですね。「天皇機関説」とは、統治の主体はあくまでも国家にあり、天皇は国家の最高機関に過ぎない、という戦前の帝国憲法下の学説です。最高機関たる天皇は、あくまでも各国務大臣などの輔弼《ほひつ》を受けながら国を治める存在なのだ、という考え方です。ということは、佐藤さんは、安倍総理も最高権力の座にありながら、補佐官などの輔弼を受けつつ一種のシステムのなかで統治を行ってきたと見たわけですね。

佐藤　そう、具体的な政策立案は補佐官に任せ、自分が「これ」と思ったものはアクセルを踏み、「ノー」ならばブレーキをかけるのです。重臣が裁可を求める政策に同意できないと不機嫌に横を向いた。これは昭和天皇の有名なエピソードです。安倍さんは横を向きはしなかったでしょうけれど（笑）、それに似た政治スタイルだったのです。

手嶋　例えば、「アベノマスク」の配布も、側近の経産官僚群の発案に乗ったものだったと言われています。残念ながら、国民の評判はすこぶる悪かったのですが。

佐藤　ですから、安倍さんの政権運営は、自らのカリスマ性を拠り所に采配を揮った小泉純一郎型の統治スタイルとは、対極にあったと見立てています。

手嶋　安倍晋三という政治リーダーが、長期政権を築きあげるなかで、独特な統治システムを確立していった。そして政権の内部のプレーヤーたちも、霞が関官僚も、そうした「パラダイムシフト」を徐々に受け入れていったというわけですね。

佐藤　菅総理は「安倍政治の継承」と言っていますが、これには二重の意味が籠められています。一つは前任の総理への社交辞令。内心は脱安倍の意欲が満々です。いま一つは、いかにして「安倍機関」をモデルチェンジしながら引き継ぐか。後者こそ、安倍政権を引き継げるか、菅総理にとって最大の勝負どころでした。一貫して官房長官を務めた菅さんは、こうした統治システムの内側にいて、後継首班となったのですから、その点では国の内外に一種の安心感があったと思います。だから、安倍さんが急に退いても、永田町も霞が関も大騒ぎになるようなことはなかったのだと思います。

手嶋　菅新総理には、小泉、安倍両氏のような発信力、カリスマ性はありませんが、確かに「菅機関」の長ならすんなりと収まるように感じます。

佐藤　安倍さんが後継首班に菅さんを推すにあたって暗黙の条件としたのは石破外しで

した。石破さんは、「モリカケ」問題などを巡って、安倍政治の「負の遺産」を追及する構えを見せていましたから、石破さんだけは何としても阻止したい。岸田さんを二位に押し上げるよう影響力を駆使して、石破さんを最下位に突き落とす力学が働いた節が窺えます。

手嶋　自民党総裁選では、菅義偉氏が三七七票を得て、八九票の岸田文雄氏、六八票の石破茂氏を抑えて圧勝しました。菅さんの対抗馬と目されていた石破さんは、結局二位争いでも岸田さんに敗れたことになります。安倍、菅両氏の意向を汲んで、岸田さんに票が流れたと捉える向きも少なくありません。これによって、石破さんが被った政治的なダメージはかなりのものだったと思います。

佐藤　石破さんが勝っていれば、官邸の「首相機関」は消滅していたはずです。地方の自民党員も含め、現下の状況では、そうした激変を望まなかったという側面もあると思います。結局、あの「政権交代」を支配したのは、長期政権で培われた安倍流の統治システムの「魔力」だったと見ていい。そう考えれば、菅総理誕生までの水面下の動きは、あらかた説明できますよ。

疲弊し衰弱する霞が関

佐藤　じつは、この「魔力」に屈した人たちが、他にもいます。霞が関の官僚たちです。

手嶋　確かに、安倍政権下で二〇一四年に内閣人事局が発足し、霞が関に対する統制が強化されました。しかし、選挙で選ばれた政治家が、選挙の洗礼を受けていない官僚群を適切に統御するのは、民主主義国に普遍的なルールです。政治リーダーが恣意的な人事を行ったりするのは困りものですが、昨今の霞が関官僚の凋落《ちょうらく》を内閣人事局の存在だけで説明するのは正確ではありません。

佐藤　そう、内閣人事局ができたから各省への統制が強まったと断じるのは必ずしも正しくない。人事局ができる以前、橋本龍太郎政権の時から、指定職以上の人事は官邸の了承が必要になっていました。

手嶋　この新しい制度の運営にあたったのは、菅総理の政治の師にあたる梶山静六官房長官でした。官邸が重要な政策プロジェクトを直裁するシステムを立ち上げ、行財政改革を主導しました。そして二〇〇一年の内閣法の改正で、官邸の企画・立案機能が強化され、いまの「官邸機関」の礎ができたのです。

佐藤　民主党も政権を獲った時には、局長以上にいったん辞表を出させて、総取っかえしようと試みました。もっとも、霞が関を挙げた抵抗に遭って、実現できませんでしたが。では、安倍さんは何をやったのか。一三年にはピンポイントで村木厚子さんを厚生労働省の事務次官に抜擢しました。

手嶋　村木さんは、厚生労働省の幹部として、怪しげな組織に偽《にせ》の障害者団体証明書を発行する事件に関与した疑いで逮捕、起訴されました。結局、無罪判決が確定し、その後捜査に関わった大阪地検特捜部の複数の検事が、逆に「違法捜査」で捕まり有罪判決を受ける未曽有の事件となりました。

佐藤　とはいえ、不祥事を起こした直属の部下は有罪になり、村木さんも省内で訓告処分を受けました。優秀だとはいえ、もともと次官レースに名の上がっていた人ではない。それまでの霞が関ではありえない人事だったわけです。これには霞が関官僚は恐れ慄《おのの》きました。この政権なら、本気でトップの首をすげ替えかねない、と。

手嶋　総理官邸としては、「政治主導」などと御託を並べるより、伝家の宝刀を抜いてみせたのが効果てきめんでした。

佐藤　そうやって揺さぶられると、内部で疑心暗鬼も生まれます。中央官庁のキーマンは課長なのです。この人たちはキャビネットを持ち、実務の重要文書もすべて管理下に置いている。局長級以上の幹部も、課長に横を向かれたら何もできません。ところが、官邸の力が誰の目にも明らかになるにつれ、「あの課長は、この前、官房長官のことを悪しざまに言っていました」などと〝告げ口〟するような政治家や記者が出てきた。その結果、顔も知らない課長クラスの人事にまで、官邸が手を突っ込むというか、突っ込めるようになっていったのです。

手嶋　佐藤さんの著書『自壊する帝国』に事寄せていえば、まさしく「自壊する霞が関」ですね。(笑)

佐藤　そこまで入り込むと、「登用人事」が可能になります。「こいつは優れているから」と、官邸の気に入った人間を上に引き上げてくる。

手嶋　最近の登用人事でいえば、在ワシントン日本大使館の市川恵一政務担当公使を北米局長に抜擢した外務省人事がそうでした。市川北米局長は、同期がまだ審議官や参事官をやっている年次ですから、菅官房長官の秘書官を務めたといっても、役所の人事の慣例を破った抜擢といっていいですね。

佐藤　市川氏は優秀ですから登用されて当然と思います。もっとも、霞が関のような官僚組織では、登用人事ほど恐ろしいものはない。登用された本人は、自分の能力が評価されて当然と受けとめますが、自分がそのポストに就くはずと思っていた官僚たちは死ぬほど恨みますから。

手嶋　霞が関は、「人事がすべて」の世界です。いや、半沢直樹のドラマの舞台になった巨大銀行でも「人事がすべて」でしたね。大組織はおしなべてそうなのでしょう。

佐藤　そういう登用人事が行われると、抜擢された人は、周囲にだいたい五人は敵を作ることになる。それが分かっているから、お役所では伝統的に極端な人事は行われなかったのです。

手嶋　しかし、政治の側には、そういう官僚の論理や気分が必ずしも分からない。

佐藤　もう一つ重要なのが、二〇〇一年以降の内閣府の存在です。かつては、官邸の誰かが何か新しい政策を思いついても、実際の企画立案は霞が関の関係省庁に〝丸投げ〟するしかありませんでした。しかし、内閣府が一定の官僚群を抱えるようになると、そこである程度の政策を形にすることができるようになった。つまり、素案をまとめたうえで、「具体的なところはそっちで詰めてくれ」と霞が関に投げることが可能になったのです。

手嶋　従来の霞が関の統治システム、組織文化に照らせば、革命と呼んでも大袈裟じゃない事態でした。それぞれの所管官庁こそ、政策立案の実権を握っていると思っていたはずが、政策立案の主導権が官邸に移りつつあるのでは各省も面白いはずがありません。

佐藤　その通りで、いま霞が関には、そういうことも含めた「やらされる感」が横溢していて、官僚たちの士気が明らかに低下しています。それを象徴するように、二〇一八年から一九年の春にかけて、経済産業省、文部科学省のキャリア官僚が、立て続けに覚せい剤の所持、使用で逮捕されるという前代未聞の事件が起きました。

手嶋　そういう不祥事が続き、優秀な学生が官僚を目指さなくなった。これは決して偶然ではありません。そういえば、先日、真面目な高校生が訪ねてきて、城山三郎の『官僚たちの夏』を読んで感銘を受け、経産官僚を目指そうと。いまや時代が大きく様変わりし、旧通産省の産業政策ももはや、昭和の過去の遺物であり、その役割を終えたと説明し、考え直したほうがいいと助言しました。加えて、国会での質問案が出揃うまで、深夜に待機したりする実態を知ればますます志望者は減っていくでしょうね。

佐藤　どんな世の中だって、様々な矛盾や問題を抱えています。ですから、政治主導や行政権の集中をすべて悪いと言っているのではないのです。ただ、「告げ口文化」や「やらされる感」が蔓延して、霞が関全体がかなり疲れているという実情を政治の側はきちんと認識しておく必要があるといいたいんですよ。

自民党総裁選に見る「令和の民主主義」

手嶋　今回の総理の交代劇は、比較的平穏裡に行われたと冒頭で触れました。ただ、そういう永田町の総理・総裁選びの手法には、当然ですが強い批判がありました。

佐藤　そこを押さえておくのは、日本の民主主義のレベルを測るうえで重要です。ひとことで言えば、今回も、政権党である自民党の総裁選は、旧態依然とした「大将選び」の域を出ませんでしたね。〝勝ち馬〟に乗りたい派閥が、あっという間に菅支持で固まり、あとはひたすら「票読み合戦」に終始していました。

手嶋　メディアの報道も、票とポスト一色でした。「新型コロナへの対応を最優先する」「安倍政治を継承する」と謳いあげても、安倍長期政権のどこを引き継ぎ、どこを刷新していくのか、とりわけ、菅さんと岸田さんの論戦を聞いていても、論点は一向に浮かび上がってきませんでした。「桜を見る会の予算を計上しない」というレベルでは、とても総理・総裁を選ぶ論戦とはいえません。

佐藤　しかし、最大の問題は、言うまでもなく、自民党総裁の選出方法でした。自民党の若手からは「正式な党大会を開いて、党員による投票を行って、開かれた、透明な手続きを経て、新しい総裁を選ぶべきだ」と意見が出されました。しかし、二階執行部は、そうした若手の声を易々と抑え込んで、安倍さんの病気による辞任で政治の空白をつくってはならないことを大義名分に、緊急の両院議員総会で総裁を選出することを早々と決めてしまいました。

手嶋　なるほど「政治空白を生まない」というのは、もっともらしい理由ですが、水面下で進んでいたシナリオに沿って「菅総理」をすんなりと誕生させるための建前にすぎませんでした。

佐藤　安倍さん、麻生さん、二階さんが、どうしても阻止しなければならない「石破総理」を封じるには、他に策はなかったのでしょう。

手嶋　地方の自民党支部で党員投票を行えば、「石破総裁」が選ばれる目は、依然として残っていましたからね。

佐藤　それにしても、世界第三の経済大国、ニッポンの総理を事実上選ぶプロセスが、これほど不透明ではまずいですね。連立を組む公明党でも「なぜもっと正々堂々とやらないのだ」とさぞかしもどかしく感じていたはずです。民主主義とは、結局、「手続き」なんですから。民主的な手続きを踏むことで、そこから誕生する政権の正統性が担保される。公明党だって正統性の高い権力と組みたいわけですよ。

手嶋　たとえどんなに大衆の支持を集めていても、リーダーを選ぶ手続きで手を抜いてしまえば、基礎工事なしに砂地に高層ビルを建てるようなものです。

佐藤　そこのところが政治の当事者たちには見えなくなっている。恐ろしいことです。誤解を恐れずに言えば、政治とは秘密に溢れたワンダーランドです。一般の国民には明かせないこともあれば、国益のために嘘をつかなくてはならない局面もある。ただ、政治にまつわる秘め事に手を染めねばならないからこそ、権力を委ねられるにあたって、民主主義的な手続きを尽くしておく。誰からも文句がつかないよう形を整えておく。権力の出自に疑いの目を向けられてはならない。そうでない政治権力は脆弱です。結局、できることが限られてしまう。

手嶋　超大国アメリカは、じつに様々な問題を抱えた厄介な国です。しかし、そのアメリカを率いる大統領に強大な権限を付与するにあたっては、気の遠くなるような時間とエネルギーを費やしています。およそ一年にわたって「アメリカン・マラソン」と呼ばれるほど、過酷な大統領レースを戦い抜いた者が、初めてホワイトハウスの主になることを許される。その果てに、ドナルド・トランプのような人が、大統領になることもあるのですが、こと大統領選びのプロセスに関しては堅牢にして透明でした。建国以来、大統領選出のプロセスに疑いが持たれたことはありません。ここがアメリカ民主主義の肝なのです。

佐藤　翻って、日本の場合は、そんな「手抜き」を政権党に易々と許す野党のふがいなさも問題ですよ。菅さんが国会で首班に指名される前日の九月十五日、合流新党である「立憲民主党」の結党大会が開かれました。

手嶋　国民民主党の一部を取り込んだのですが、まことに影が薄い。政権の受け皿にはほど遠いと言わざるをえません。

佐藤　野党第一党も、ほぼ同時に新たな船出を果たしたのですが、この日の暦は、よりによって「仏滅」。いわば「仏滅党」の結成です。冗談でそう言っているわけじゃない。そうした人知を超えたものに対する思いが微塵もないところに、私のような古い人間は驚いてしまいます。それにしても、あの人たちはなんでも合理性でカタがつくと考えているのでしょうか。

手嶋　政治は「政《まつりごと》」と表現するように、人知を超越した何ものかを畏れる感覚は大切です。

佐藤　そういう政治センスで、野党は、新たな「首相機関」を擁する菅内閣に対抗できると考えているのでしょうか。いささか心配です。

菅政権の「自助、共助、公助」とは

手嶋　それでは、いよいよ菅新政権の検証にとりかかりましょう。秋田から家出同然で上京した菅義偉氏が遂に総理の座を手にした、その菅さんという人をいかなるタイプのリーダーだと見立てていますか。

佐藤　菅さんは一見するとソフトなイメージもあるのですが、何度かお会いした印象も含めて言えば、決して物腰の柔らかい人ではありません。むしろ、ごり押しタイプで「前進、前進また前進」という感じの政治家です。

手嶋　「ごり押し」で思い出すのが、二〇一九年四月の北海道知事選です。地元経済界も政界も頑強に反対したのですが、同じ法政出身で苦労人という境遇も似る鈴木直道元夕張市長を強引に押し立てて、勝ち抜きました。

佐藤　発足して間もない菅政権が、日本学術会議から推薦された六名の候補の任命を拒否した。そんなところにも、強硬な政治姿勢が出ていますね。

手嶋　日本学術会議の新しい会員の任命は、新政権にとって必ずしも重大なアジェンダとは言えなかったはずです。政権の命運を賭けた重要な政治課題とは言い難い。ならば何故《なにゆえ》に、こうした問題で消耗戦に入るのかと思ってしまいます。菅さんという政治家は、〝役人の人事〟を武器に、今日の地位を築いた人です。官房長官時代から、政権に批判的な学者を任命したくないと考え、その延長線上で、この問題を扱ったのだと思います。敢えて事を構える政権の真意はどこにあると見ますか。

佐藤　菅内閣は、六人を任命しなかった理由を明らかにしていませんが、安保法制に反対の論陣を張ったり、特定の政党と関わりがあったりする研究者だと見られています。新しい内閣は、偶然起きた日本学術会議の人事問題を最大限に活用して、右派勢力にあなた方の味方だというメッセージを送りたいのかもしれません。トランプ大統領のコロナ感染を隅に追いやって、この問題を一面トップに扱った新聞もありました。

手嶋　トランプ大統領のコロナ感染は、選挙結果を左右しかねない決定的なファクターでしたから、ニュースバリューの判断には疑問が残ります。

佐藤　菅さんは、官房長官時代も定例会見で、モリカケを巡って東京新聞の望月衣塑子記者の質問にあからさまにイラつく場面がありましたね（笑）。上手に受け流すテクニックを持ち合わせている人ではない。守りは苦手な感じもしますね。

手嶋　人間操縦術はあまり得意じゃなかった宮沢喜一さんでさえ、官房長官時代の記者会見で「あなたの記事をじっくり拝読しましたが──」などと、したたかなメディア対応を見せていました（笑）。菅総理には、懐の深さが求められます。とはいえ、大切なのは、政治哲学とそれに基づく基本政策です。今後は、どこに重きを置いて「ごり押し」するのか、その戦略眼が試されます。

佐藤　確かに、いまのところは明確なビジョンが示されていませんね。

手嶋　郷里の秋田では受け入れられず、段ボール工場で働きながら大学に通ったという苦労話が伝えられ、これがいまの菅人気を支える背景になっています。ただ、メディアの側もそうした「人となり」の個別報道に終始していれば、総理の政治理念が明確でないことが覆い隠されてしまいます。

佐藤　安倍晋三という政治家は、具体的な政策立案では、官邸の「統治システム」に乗っかっていた側面がありましたが、憲法改正など政治の大目標はしっかりと持っていました。

手嶋　辞任にあたって、北朝鮮による拉致問題の解決、日ロ平和条約の締結すなわち北方領土問題の解決、憲法改正の三つが果たせず志半ばで職を去るのは断腸の思い、と無念さを滲ませました。道半ばで挫折したとはいえ、「やりたかった大目標」は明確に持っていました。菅総理が掲げる「携帯料金の値下げ」や「縦割り行政の弊害」は、政権の命運を賭けるにはやや小さすぎる課題といわざるを得ませんね。

佐藤　総理になったからには、壮大なビジョンを示し、「これだけはやる」という構想を国民に示すことは何としても必要です。それが総理の座に就くということです。

手嶋　菅さんが掲げる「自助、共助、公助」は、保守の理念としては傾聴に値します。ただ、「自助」は小さな政府を掲げるアメリカの共和党、「公助」は大きな政府を主張するアメリカ民主党のように、対極に位置する概念です。その二つが、「共助」を挟んで並んでいるのですから、これらの概念の相関をいかに扱っていくのか、具体例を示しながら明晰に説明してほしいと思います。まずは「自助」ありきというなら、コロナ時代の「公助」はどうあるべきかも語るべきだと思います。

佐藤　政治目標としては、ぼやけた感が否めませんね。

手嶋　「自助」の政治を、規制緩和を進めつつ、「公助」膨張にどんな歯止めをかけていくのか、その道筋を是非聞いてみたいと思います。

二階俊博幹事長という地雷原

手嶋　安倍さんが前回の大統領選の直後にニューヨークのトランプ・タワーに乗り込んで、シンゾー・ドナルド関係を築きあげたこともあって、菅総理も政権の発足直後から、アメリカ大統領選の動向を神経質なほどに気にしています。しかし、共和党政権であれ、民主党政権であれ、東アジアの要である日本を粗略にしてはやっていけないという強気の姿勢で臨んでほしいと思います。いまや日本を向こう側に押しやって、東アジアの安定は考えられません。しかし、「外交は大丈夫か」と聞かれると、菅総理はややむきになって反論する場面があります。不安の表れなのでしょう。

佐藤　アメリカ大統領選挙については後ほど論じたいと思いますが、次の政権が、共和党であれ、民主党であれ、より強硬な対中姿勢をとることは確実です。当然、アメリカが東アジアの「出城」と考える日本に出現した菅新政権にも、同じように厳しい対中政策を求めてくるでしょうね。

手嶋　対中国政策は、日本外交の今後を左右する最重要の課題です。日本は日米同盟に拠りながら、南シナ海に、尖閣列島に、中印の国境に、そして宇宙攻勢を続ける中国をいかにして抑え込んでいくか。米中の対立が一層険しくなっている時だけに、菅外交の舵取りは容易ではありません。

佐藤　二〇二〇年十月六日には、東京で「日・米・豪・印」の四ヵ国外相会談が、開かれました。アメリカのポンペオ国務長官は、トランプ大統領が新型コロナウイルスに感染するという異常事態のなかで、敢えて日本を訪れました。菅総理にとっても、主要国から要人を迎えて対面で会談し、外交デビューを飾る初めての舞台となりました。

手嶋　アメリカのポンペオ国務長官の訪日の狙いは明らかでした。太平洋からインド洋にかけて、さらには中印の国境地帯でも、大きな軍事力と経済力を背景に攻勢を続ける

「習近平の中国」をこの地域の大国を糾合しながら抑え込みたい。そのための絆を一層強めていくというものでした。キーワードもたった一つ。「自由で開かれたインド太平洋」でした。

佐藤　中国の習近平政権が掲げる「一帯一路」構想に対抗して「自由で開かれたインド太平洋」をぶつけたわけですね。

手嶋　その通りです。従来、インドのモディ政権は、中国の覇権には反対の姿勢をとってきましたが、アメリカの反中国包囲網には必ずしも与していませんでした。しかし、二〇二〇年の夏からヒマラヤの山岳地帯で中国の人民解放軍との武力紛争がきっかけとなって明らかに対応を変えました。まずは、日・米・豪・印の外相が、東京に集まって危機意識を共有し、四ヵ国の外相協議を定期化して、やがて緩やかな対中国同盟を目指していきたいというのが、ポンペオ国務長官の狙いだと見ていいと思います。

佐藤　それだけにアメリカ側は、菅新政権のキングメーカーである自民党の二階俊博幹事長が、対中融和派であることに神経を尖《とが》らせているのでしょうね。日本国内の右派勢力からは「媚中派」というレッテルまで張られています。

手嶋　この問題については、総裁選のさなかから、東京発の情報を通じて、米政権の首脳陣は、二階幹事長の中国寄りの姿勢を承知しています。菅内閣が、与党の要に「対中融和派」の人物を据えながら、アメリカと共同歩調をとって毅然とした対中姿勢を示すことができるのか。ポンペオ国務長官は、今回の一連の協議を通じて、日本側の感触を直に探ったものと思われます。

佐藤　菅総理が、中国のことは二階幹事長の意見を尊重しながら進めるといった対応をとれば、日米同盟には波瀾要素が生まれてしまいますね。

手嶋　そう思います、じつは「対中国政策」こそ、菅外交にとって極めて危険な地雷原になる恐れがあります。

佐藤　二階幹事長は、「一帯一路」で一線をすでに超えてしまっていますからね。

手嶋　この「一帯一路」構想は、習近平政権にとっては一枚看板ともいうべきものですから、日米両国がこれにどう応じるのか、これまでも極めて重要な外交課題になってきました。習近平政権の「一帯一路」は、中国が建国以来、初めて世界に示した「大中華圏」構想というべき性格をもっています。ですから、アメリカは、民主、共和の両党の違いを超えて、この構想に賛成し、支持することはありませんでした。

佐藤　ところが、日米同盟の一方の当事者である日本ではここ数年、アメリカとは異なる動きが出ていましたね。

手嶋　ええ、自民党の二階俊博幹事長は、故野中広務元幹事長の対中人脈を引き継ぐ形で、中国共産党とのパイプ役を担ってきました。二〇一七年五月が一つの節目になりました。習近平政権は、北京で開いた「一帯一路」の国際サミットに二階さんを招いたのです。このあたりの北京の外交センスはなかなかの切れ味です。

佐藤　二階幹事長は、単に政権党を代表して北京に出かけていっただけではない。当時の安倍晋三総理の「親書」を携えていったんですね。

手嶋　それによって習近平主席との会見を果たしたのです。「安倍親書」は、日中双方にとって極めて重要な外交上のツールになりました。中国側もなかなかにしたたかで、在京の中国大使が事前に親書の中身を知りたいと持ちかけ、当時の今井尚哉秘書官が親書の内容を明らかにしたところ、中国側から「これでは不十分だ」と一度は突き返されてしまいます。

佐藤　安倍親書には「一帯一路」構想へ日本がどう応じるか明確にされていなかったからですね。

手嶋　その通りです。その結果、日本側は中国の要求を容れる形で、「一帯一路を支持する」と中身を書き換えてしまいました。言い訳程度に、自由で開かれたアジア太平洋に背馳しないなら」といった条件は付されていたのですが。日本政府は、この「安倍親書」を通じて、習近平政権が進める「一帯一路」構想に明確な支持と協力を表明してしまったわけです。これに反対する安倍外交の司令塔、谷内正太郎国家安全保障局長は、今井秘書官との軋轢を深めることになり、谷内辞任の伏線となったのです。この一件によって「日本は揺さぶれば操れる」という誤ったメッセージを北京に送ることになってしまったのです。

佐藤　この「安倍親書」は、その後の安倍総理の中国訪問と、習近平国家主席の国賓としての訪日招請に繋がっていったのですから重要ですね。

手嶋　アメリカ側では、安倍・トランプ関係が良好であったため、政権の内部から、あからさまな「親書」批判は出なかったものの、東アジア外交を担う人々の間でも、日本側のこうした動きに神経を尖らせていたことは言うまでもありません。

「自由と繁栄の弧」の波紋

佐藤　「一帯一路」構想へ安倍政権が支持を表明するまでには「前史」があることを押さえておく必要があります。第一次安倍内閣の時、日本は「自由と繁栄の弧」という外交理念を掲げました。二〇〇六年暮れの外務省の資料によれば、「アジアで最も早く近代化し、最も古い民主政治の国としての百年以上の経験に基づく知恵」を持つ日本が、ユーラシア大陸に沿って「自由の輪を広げ、普遍的価値を基礎とする豊かで安定した地域」をつくり出す——という外交方針です。

「自由と繁栄の弧」という外交構想は、まことに華麗な修辞に彩られていますが、その内実は「アメリカ、西欧諸国、トルコ、インド、東南アジアと連携して、イラン、中国、ロシアを封じ込める」という外交戦略でした。どうひいき目に見ても、誇大妄想的で、誤った理念だと言わざるを得ません。

手嶋　後に国家主席となる習近平氏は、二十一世紀版のシルクロード構想となる「一帯一路」を提唱します。これは建国後の中国が初めて示した「大中華圏」構想というべきものでした。この「一帯一路」構想は、能ある鷹は爪を隠すという鄧小平の「韜光養晦《とうこうようかい》」政策をかなぐり捨てて、持てる力をユーラシア大陸に示そうとしたものです。この習近平政権の重要構想に先駆けるように、戦後日本初といっていい壮大な外交戦略「自由と繁栄の弧」が世界に向けて示されたことは注目に値します。ただ、日本外交がそうした大構想を推し進めるだけの人的、財政的、軍事的実力を果たして備えていたか。その点は歴史の検証を待たなければならないでしょうね。

佐藤　これは当時、外務事務次官だった谷内正太郎さんが中心になって麻生外務大臣の外交スピーチとして構想されたと言われています。

手嶋　『自由と繁栄の弧』は、麻生太郎著として幻冬舎から上梓されています。編集は、スピーチライターだった谷口智彦さんが担当しています。これらの人脈と構想は、後に麻生さんから安倍政権に引き継がれていくことになりました。

佐藤　この構想をまとめる「黒幕」は、後に内閣官房副長官補を務め、国家安全保障局の次長を務めた兼原信克氏だったと私は睨んでいるんですよ。

手嶋　佐藤さんに薦められて『歴史の教訓――「失敗の本質」と国家戦略』（新潮新書）という兼原さんの著作を読んでみました。かなりユニークな歴史認識を持っている人ですね。

佐藤　例えば、日本による韓国の植民地支配について、その著書でこう述べています。

〈日本支配の下で、李王朝の閉塞した伝統的儒教社会と訣別し、朝鮮の近代化と経済発展に尽くした人もいた。封建的な身分制社会から抜け出して、近代日本の下で自己を実現しようとした人たちもいた。世界の植民地支配を比較して日本の植民地支配が格別に残虐だったというのは、単純に事実に反する〉

ちょっと待ってくださいと言いたいですね。植民地支配下における残虐性を測る客観的な指標があるのなら教えてほしい。

手嶋　植民地支配のもとにいた人々がどう受け取るか。文在寅政権の反日政策に反対している知日派すら、兼原氏の主張に同意する人はいないでしょう。

佐藤　一番の問題はそこなんです。植民地を支配していた旧宗主国の政府高官を務めていた人がこんな発言をすれば、反発を招くのは必至です。恐らく、そうしたことも織り込んだうえで書いたのでしょう。「自由と繁栄の弧」は、もともとそういう発想をする人が描いた構図なのですから、何をかいわんやです。

中国に対して、外交戦略という形で初めに喧嘩を売ったのは、じつは日本の側であり、こんな大風呂敷を広げたために、後から中国が打ち出した「一帯一路」で妥協せざるを得なくなってしまったんです。

手嶋 もっとも、谷内正太郎さんは、「一帯一路」を支持することに頑強に反対しました。しかし、安倍官邸の対中融和派と自民党の二階幹事長に結局押しきられてしまったのは、先に述べた通りです。中国の「一帯一路」に支持を表明するなら、国会で、そしてメディアで、堂々と議論を尽くし、世論の動向も見極めながら進めるべきだったと思います。安倍政権が「一帯一路」を支持したといっても、日本国民には本当のところ何一つきちんとした説明はなされていないのですから。

佐藤 加えて、最重要の同盟国であるアメリカにも詳細な説明はしていないはずです。

手嶋 その通りです。二階幹事長流の「なぜ隣の国と仲良くしてはいけないんだ」といった融通無碍の理屈は、日本国内では受け入れられても、アメリカ側は到底納得しませんよ。いまのアメリカには、反中感情が草の根まで行き渡っていますから、米中の狭間に立つ日本の苦しい立場を忖度する余裕などありませんよ。菅新政権の対中政策については、今後はさらに厳しい姿勢を示してくるはずです。ポンペオ国務長官が一連の協議を通じて「四ヵ国が連携を強めて、それぞれの国民を中国共産党の腐敗や圧政から守り抜くことが一層重要になってきている」とクギを刺した狙いは明らかです。「自由で開かれたインド太平洋」の旗のもとに日・米・豪・印の四大国が結束し、「一帯一路」を掲げる中国への包囲網を強化しようとしているのです。

安倍官邸の政変劇

佐藤　対中国政策は菅政権のアキレス腱になる可能性があると思っています。「自由と繁栄の弧」構想は、第二次安倍政権の途中までは継続されてきたと考えています。

手嶋　ということは、安倍政権は、七年八ヵ月の間に外交政策の舵を途中で切ったとみているわけですね。

佐藤　そうです。ですから、「安倍政権の外交政策を一言で説明せよ」と言われても返答に窮してしまいます。

手嶋　そうだとすれば、建前として「安倍政権の継承」を謳う菅政権が、いったい何を引き継ぎ、どこを捨てるのか。菅外交の今後にも関わる重要な話になりますね。

佐藤　「自由と繁栄の弧」に象徴される安倍外交は、民主主義の価値観を前面に押し立てた外交なんです。自由や民主主義、基本的人権、市場経済といった普遍的価値に依拠しながら、外交政策を立案し、大胆に実行していったわけです。

手嶋　「日米基軸」「アジア諸国との友好・善隣」「国連中心主義」といった総花的な従来の日本外交からすれば、随分とエッジが効いたものになっていますね。

佐藤　しかし裏を返せば、普遍的価値を共有できない中国など権威主義的な国家は力で封じ込めていく外交政策に他なりません。結果的に、日本と中国、ロシアとの関係は冷え込んでいきました。ロシアに関して言えば、対ロ強硬派の原田親仁氏（前ロシア大使）が政府代表として北方領土交渉にあたったのですが、袋小路に入ってしまった。前期の外交は、手詰まり感が顕著になったと私は見ています。

手嶋　そうした手詰まり感もあって、安倍外交は新たに舵を切ったと佐藤さんは見立てているわけですね。さて、どのようにして転換を図ったと見ているのですか。

佐藤　ズバリ、「安倍外交機関」のリシャッフルです。後期の安倍官邸で外交政策に大きな力を揮ったのは、今井尚哉首席秘書官兼補佐官、それに内閣情報官から国家安全保障局長となった北村滋氏のふたりでした。

手嶋　日本のメディアでは、このふたりは、安倍総理の側用人のように書かれていますが、総理に個人的に仕える秘書的な存在ではなく、「安倍機関」の主要なパートを受け持つ公人という位置づけですね。

佐藤　その通りです。このふたりは、「安倍機関」の不可欠な一員として、国家に仕えている官僚であり、権力を私物化しているのではない。その対極にいる官邸のプレーヤーだと見るべきでしょう。

手嶋　安倍政権は、右派のイデオロギー色が濃いこともあって、民主党と縁の深い人材は登用しなかったと思われがちです。現に藪中三十二《やぶなかみとじ》元外務次官などは民主党政権に仕えた人として安倍政権ではまったく登用されませんでした。しかし、ちょっと意外な事実なのですが、安倍総理から重要な役割を任されている人材のなかには、民主党政権から一貫して官邸で仕事をしている人たちがいます。その筆頭が北村滋内閣情報官（当時）で野田佳彦内閣に仕えています。さらに内閣府で宇宙を取り仕切っている宇宙政策委員会の葛西敬之（JR東海名誉会長）・松井孝典（東大名誉教授）の正副委員長コンビもそうです。ちなみに、菅総理は、北村氏はむろん、葛西、松井の両氏も、引き続き「菅機関」の重要メンバーとして引き継いでいます。

佐藤　ええ、その点では、今井氏は資源エネルギー庁の次長として、民主党政権で東日本大震災後のエネルギー供給確保に奔走していました。今井氏は、菅官房長官としばしば対立したこともあって、官邸には内閣官房参与として残りましたが、影響力は限定的です。北村氏や今井氏は、選挙という民主的な手続きで国民から選ばれた時の政権に仕えているのであり、総理個人に奉職しているわけではないという意識を持っているんだと思います。まさしく「首相機関」たるゆえんです。

手嶋　安倍政権の後期に入ると、外交分野ではまず日中関係に変化があらわれました。

日中平和友好条約の締結からちょうど四〇周年に当たる二〇一八年十月、安倍総理は、じつに七年ぶりに中国を訪れ、習近平国家主席ら中国側首脳らと会談しました。釣魚台で催された歓迎の宴は、それまでの冷たい日中関係を考えると意外なほど温かい雰囲気で行われました。習近平主席もじつにリラックスした様子で、日中関係がよくなっていることを窺わせました。この時、習近平氏は「政治権力を目指すには、党組織に入ってそれを拠り所にせざるを得ない。中国は一党独裁なので、自分は中国共産党に入ったが、アメリカに生まれていれば共和、民主いずれかの政党に入ったことだろう」と発言して、陪席していた中国側の要人を戸惑わせました。この時、安倍総理が「では日本に生まれていれば自民党に入ったんですね」と応じて笑いを取ったほどに和やかな雰囲気でした。習近平主席が日本へ招待されたのもこの時でした。「桜の咲くころに」と応じたといいます。

佐藤　二〇年四月に予定されていた習主席の国賓としての来日は、新型コロナの影響で延期になりましたが、もし実現していれば政治文書も交わされ、日中関係の安定ぶりを世界にアピールしたはずです。

手嶋　日本の外交当局は、アメリカ政府には、かなり念を入れてこの訪中の様子をブリーフィングしたのですが、トランプ政権内の対中強硬派の受け止めは冷ややかでした。米中の対立が険しくなっているなかで、「習近平の微笑」は、日米同盟に楔《くさび》を打ち込もうという意図が見え見えだと受け止めたからでしょう。日中の関係改善を喜んでいる節は窺えず、その基調はいまに至っています。

佐藤　菅内閣が取り組まなければならない日中関係もかなり難しいのですが、日ロ関係は、それ以上に入り組んで厄介です。

手嶋　日本を代表する「クレムリン・オブザーバー」である佐藤優さんがそういうのですから、日本とロシアの間柄は相当に錯綜しているのでしょう。

佐藤　安倍総理の突然の辞任を受けて、ロシア大統領府のペスコフ報道官は「非常に残念だと思っている。安倍氏の後任が露日関係をさらに発展させることを期待している」と述べましたが、日ロ関係がかなり厳しいことを暗に認めています。その一方で、ペスコフ報道官はイタル・タス通信に「プーチン大統領と安倍氏の間には、仕事を成し遂げるための輝くような関係があった」と最大限の賛辞を送り、後継者にプーチン大統領と良き関係を築いてほしいとシグナルを発しています。

手嶋　プーチン政権からのメッセージを単なる外交辞令と受け取るわけにはいきませんね。

佐藤　そうだと思います。安倍総理が辞意を表明した三日後、安倍・プーチン電話会談が行われました。そこでも領土問題を解決する大切さが強調され、両首脳は今後も平和条約交渉を継続することが重要だと確認しています。私が得ている情報ですと、安倍総理はその時、「一九五六年の日ソ共同宣言を基礎に平和条約交渉を加速する」と述べ、二〇一八年十一月の「シンガポール合意」に言及しました。日ロ双方の外交努力で国境線を画定しようと念を押したのではないかと思います。

手嶋　この安倍・プーチン電話会談は、型通りの退任のあいさつのように見えますが決してそうではありません。ロシア国内の対日強硬派は、領土の割譲を禁止する憲法改正を踏まえて、日ロの平和条約交渉にすら否定的な動きを見せていました。こうしたなかで、プーチン大統領自身が、平和条約交渉の継続を確認したのなら、菅政権もそうした両首脳の意向を受け継いで、平和条約を取りまとめ、歯舞群島と色丹島の引き渡しに望みをつなぐことが可能となります。

佐藤　ええ、対ロ交渉では、菅政権は先の「シンガポール合意」に沿って、対ロ外交を淡々と、そして粘り強く進めていく方針を明確にしています。この点については九月二十九日に行われた菅総理とプーチン大統領の電話会談でも両首脳が確認しています。ずっと動かなかった日ロの平和条約交渉を動かすべきでしょう。そのためには、過剰な理念など必要ではない。時として有害ですらある。安倍政権は身をもって、こうした教訓を残したとも言えます。

「敵基地攻撃」を公言する愚

佐藤　安倍総理は、退任の記者会見にあたって、「北朝鮮は弾道ミサイル能力を大きく向上させています。これに対し、迎撃能力を向上させるだけで本当に国民の命と平和な暮らしを守り抜くことができるのか。一昨日の国家安全保障会議では、現下の厳しい安全保障環境を踏まえ、ミサイル阻止に関する安全保障政策の新たな方針を協議いたしました。今後速やかに与党調整に入り、その具体化を進めます」と述べて、「敵基地攻撃」の議論を深め、具体策を取りまとめてほしいと呼びかけました。

手嶋　安倍総理は、敵基地攻撃能力については、北朝鮮の弾道ミサイルの能力向上を挙げて、備えを急ぐべしと促しているよう装っています。しかし、中国の弾道ミサイルの脅威を念頭に置いていることはいうまでもありません。自民党の国防族も「標的は中国の基地だ」とはっきり認めています。二〇二〇年九月、米国防総省が連邦議会に宛てた「年次報告」でも、すでに二〇〇発に達している中国の弾道ミサイルの脅威に触れています。中国はいまや最新鋭の量子暗号衛星を運用し、台湾海峡での制空・制海権の確保を目指して攻勢を強めています。

佐藤　これに対して日本側が「敵基地攻撃」の議論を公に始めたことを捉えて、強硬派として知られる趙立堅副報道局長は「専守防衛の約束を誠実に履行せよ」とクギを刺しました。

手嶋　想像できない事態にも粛々と備えておけ。これは、日本に限らず安全保障の要諦ですから、あらゆる事態に対して備えは周到に進めておくべきです。だからといって、

「中国のミサイル基地を攻撃するぞ」という議論を表立ってすれば、相手をいたずらに刺激するだけではなく、相手のミサイルの刃をより多く日本列島に向けてしまうことになります。率直に言って、あまり賢明なやり方だとは思えません。

佐藤　私は、安倍政権が、後半になって外交政策をより現実的に転換させたことを評価しています。しかし、だからといってすべていいと思っているわけではない。「敵基地攻撃能力」の議論については、手嶋さんが指摘したように、戦術的に拙いと言わざるを得ないと思います。「敵基地攻撃」と言いますが、日本政府は、建前として地球上に「敵」はいないことになっています（笑）。こういう話を公然とやるセンスが、私には理解できません。

手嶋　外交や安全保障の分野では、時に極秘裡に新たな施策を検討することは、日本に限らずふつうに行われています。しかし、それを平場でやって相手を必要以上に刺激する必要はありません。

佐藤　欧米の戦略専門家から見ると「日本は何をやっているんだ」と呆れられているのではないでしょうか。私だったら、「対サイバー攻撃戦略」という看板でも掲げます。

サイバー攻撃という脅威が増しているため、これに対抗して国家を守るため、従来とは異なる視点から積極的かつ総合的な防衛政策の検討に入ったとでもしておくのがいいと思います。

手嶋　確かにそれなら、嘘は言っていないものの、秘密裡に何をしているのかは、外からは一向に分からない。(笑)

佐藤　その「総合的な施策」のなかにミサイル攻撃の項目もさりげなく入れておけばいいんです。

手嶋　日本もそろそろもっと戦略的に事にあたらなければいけませんね。それにしても、イージス・アショア(陸上配備型迎撃ミサイルシステム)の惨めな失敗といい、日本の安全保障は大丈夫なのかと心配になってしまいます。

佐藤　イージス・アショアは、二重の意味で愚かな振る舞いでした。そもそも周到な調査をしないまま急いで設置しようとしたことが間違い。そして、いったん配備を決めたのに簡単にやめてしまったことです。マキャベリが『君主論』で述べているように、リーダーが一度やると決めたことは、軽々に撤回したらいけないのです。

手嶋　事は一国の安全保障に関わる問題ですから、ころころと方針が変わっては外国から付け込まれる隙を与えてしまいます。

佐藤　迎撃ミサイルを打ち上げた際に切り離す推進装置「ブースター」が周辺地域に落下することが問題になったのが情けない。この程度の技術的な話は、なぜ事前に調査ができなかったのか理解できません。

手嶋　防衛省は、発射装置と民家などの間に緩衝地帯を設け、演習場内に落とすから安全だ、と説明してきた。ところが、当時の河野太郎防衛大臣がアメリカ側から聞き取ったところでは、確実に演習場内に落下させるには、システム全体を大幅に改修する必要があることが判明しました。防衛省の事前説明の通りに配備するには、かなりの追加コストと時間が要ることが分かったのです。だからやめますという。

佐藤　「絶対安全です」などと言って地元を説得するのではなく、正直に正確にリスクの説明をすべきなのです。それができないのなら、配備の本気度を疑われても仕方ないでしょう。東京・市谷の防衛省敷地内には、航空自衛隊の地対空誘導弾「ＰＡＣ３」が展開されています。先日、所要があって大日本印刷のビルに行ったのですが、窓から

「PAC3」の装備が見えました。あれが発射されたら、衝撃でガラスは粉々になる。イージス・アショアのブースター落下を気にするなら、あの周辺のマンションの窓ガラスの粉砕対策もすべきです。

手嶋　政府がミサイル防衛の柱として導入しようとした防衛システムを早々に諦める。そうかと思えば、中国を敵とみなしてミサイル発射を公に議論する。こうした「紙の上での安全保障」は、もはや限界に来ている。心配でなりません。

菅政権は公明党を御せるのか

佐藤　菅総理が、安倍さんから政権を引き継ぐにあたっては、公明党との連立が前提だったことは当然にしても、将来、維新との関係をどうしていくか、これは需要なポイントでした。

手嶋　自民党の一部には、橋下徹元大阪府知事を閣僚に起用するのではという観測もありましたからね。連立の組み替えはないにしても、自民・公明・維新の連携強化は、憲法改正に向けて重要な布石になりますから。

佐藤　連立を組む党の意向がどれほどのものか。コロナ対策の給付金を巡る問題で、われわれは嫌というほど見せつけられました。

手嶋　公明党は、「低所得世帯に三〇万円」という自民党案に「ノー」を突き付けました。そして「一律一〇万円の給付」の公明案で押し切ってみせました。この変事こそ、「三〇万円」案を主導してきた岸田政調会長の総理の芽を潰すことにもなりました。

佐藤　だからと言って、自民党内には、公明党を切って捨て、連立の相手をより政策的に近い日本維新の会に組み替えるべしといった意見はあまり聞かれません。現下の小選挙区制では、接戦となった時には自民党候補にとって公明票は命綱ですから。

手嶋　国家の基本的な骨格を定める憲法の改正にあたって、戦力は保持しないと明記した第九条の条項を残しながら、自衛隊を合憲として明記するという奇妙な自民党案が出てくるのも、結局、創価学会に根強いパシフィズムとの妥協の産物に他なりません。

佐藤　安倍政権が続いていたら、大胆に連立を組み替えて、本格的な憲法改正に乗り出した可能性は捨てきれませんでしたが、菅さんが政権の浮沈を賭けて大胆な決断に踏み切る可能性は大きくありませんね。そもそも、「菅派」という自前の派閥を持たない菅さんは、「公明党との強いパイプ」を武器に、自民党内に睨みを効かせているわけだから。実際に、公明党の支持母体である創価学会の佐藤浩副会長とは、極めて良好な関係を築きあげ、これが菅さんの政治的な凄みになっているんです。

手嶋　「コロナ給付金」の問題は、公明党が連立の解消も辞さないと押し切った分かりやすい例です。これに対して、集団的自衛権の憲法解釈を変更した安保法制では、自民党が水面下の折衝で公明党の主張にぐんと歩み寄ったケースでした。これなどは、日本のメディアがきちっと検証しておくべきなのですが、見るべきものがありません。

佐藤　安倍総理の辞任会見でも、憲法改正は「志半ばでできなかった」と無念の思いを滲ませていましたが、任期中の憲法解釈の変更でも思いを遂げられなかったという思いがあるのでしょう。

手嶋　安保法制は何とか成立させたが、公明党との折衝のなかで、安倍さんにとっては不本意な〝縛り〟をかけられてしまったと受け取っているのでしょう。

佐藤　二〇一四年七月の閣議決定で、集団的自衛権の行使にあたっては、以下の三つの要件がつけられました。

1. 我が国に対する武力攻撃が発生したこと、又は我が国と密接な関係にある他国に対する武力攻撃が発生し、これにより我が国の存立が脅かされ、国民の生命、自由及び幸福追求の権利が根底から覆される明白な危険があること。

2. これを排除し、我が国の存立を全うし、国民を守るために他に適当な手段がないこと。

3. 必要最小限度の実力行使にとどまるべきこと。

こうなると、「集団的自衛権を容認するよう憲法解釈を変更したといっても、その実態は、個別的自衛権の解釈を少しだけ拡げたものに留まったとも言える内容ですから、安倍政権の政治的遺産にはならなかったと思います。少なくとも、安倍さん自身は、そう考えているはずです。

手嶋 そのように、安保法制が、安倍総理のこと志と違ったものになってしまった理由は明快です。繰り返しますが、自民党が連立政権を組んでいる公明党のパシフィズム、さらに言えば、創価学会の平和路線に配慮せざるを得なかったからです。

佐藤　安保法制に対する公明党のスタンスは、『公明党に問う　この国のゆくえ』（田原総一朗／山口那津男、毎日新聞出版）という本の山口発言を読めば明らかですよ。

〈安倍総理は、アメリカが武力攻撃された場合、日本が集団的自衛権を行使できるようにしたかったのだと思います。いわゆるフルスペック（全面的）な集団的自衛権です。

（略）公明党はフルスペックの集団的自衛権を決して許してはいけない、何があってもこれに歯止めをかけなければいけないという立場で、断固として反対し続けました〉

公明党の山口代表は、同じ本で、安保法制について「集団的自衛権限定容認とは言っていますが、実のところは個別的自衛権であると思っています」とまで言い切っています。

手嶋　これは、日本の連立与党が、といった当面の政局を超えた、二十一世紀の日本の安全保障を左右する重要な問題に関わってきます。中国が海洋強国を呼号して尖閣諸島に、台湾海峡に迫り出してきているなか、有事に備える日本防衛の選択肢を拡げておくべきところを、厳しい見方をすれば、自ら手を縛ってしまったとも言えると思います。現実の安全保障は、法制という名の紙の上で生起するわけでも、国会論戦で作戦を策定するわけでもありません。あくまで想定を超えた事態が進行するなかで、瞬時にそして前例のない決断を強いられるのですから。

佐藤　山口さんが勝利を勝ち誇ったように語る一方で、安倍さんはいたたまれない思いだったはずです。自身の「一丁目一番地」たる安全保障問題で、換骨奪胎の妥協を余儀なくされてしまったのですから。こうした経緯から明らかになってくるのは、連立政権の内部で、じつは公明党がいかに大きな実権を握っていたのかという現実です。公明党は、外から見ている我々が想像する以上に、現実の政策の遂行にかなりの影響力を持ち、実際に行使していたと認めるべきでしょう。

手嶋　公明党の側からすれば、右派の政治思潮を体現する安倍政権に較べて、菅政権はイデオロギー色が希薄なだけに、より御しやすい側面があるのでしょう。その分だけ、菅政権は、重要な政策課題で公明党により妥協を強いられることになる。憲法改正という大きな政治目標を抱える安倍さんだったからこそ、公明党とも「ここまでは譲れない」という境界線があったのですが、菅さんには明確な政治理念が見当たりません。そうなると、菅政権は、公明党と妥協を重ねていくうち、連立相手にぐっと引き寄せられてしまう可能性が出てきますね。

佐藤　ええ、気がつけば、菅政権は、公明党が実行したい政策を実現し、公明党支持者を喜ばせる「機関」になりかねない。そうなれば、「自・公政権」ならぬ「公・自政権」の出現になる。そういう可能性を「フィクション」として切り捨てるわけにはいかないと私は見ています。

新総理に突き付けられた「二つのシナリオ」

手嶋　組閣直後の各社の世論調査では、菅総理の「苦労人伝説」もあって、内閣支持率は各社とも六五％から七〇％超えと上々のものでした。好調な出だしに勢いを駆って、年内に解散をという声が、自民党内に一時は出ていました。しかし、菅総理としては、安倍政治の評価を問うのではなく、やはり、独自の実績を少しでもあげて、有権者に信を問いたいと考えているようです。

佐藤　いずれにしても、衆議院議員の任期は来年の十月末までですから、新しい年度の予算審議やコロナ対策の隙間を縫って、解散の機会を窺うことになるのでしょうが、あるとすれば、来年二〇二一年一月末までのどこかでしょう。菅新政権への支持が当面持続するなら、自民、公明の両党は議席を減らすことはまずないでしょう。総選挙の洗礼を受けることによって、自前の内閣になりますから、総裁選びを巡る疑問も収まるはずです。私は、菅政権の今後には、二つのシナリオがありえると考えています。どちらの道をたどるのか、早くも岐路に立っているように思います。

手嶋　解散の時期はともかく、自分の手で国会の解散を断行して、早く本格政権の態勢を整えたいと考えていると思います。

佐藤　菅総理は、解散を「ヤルヤル」と言いながら、その機を逸してしまった麻生内閣の轍《てつ》だけは踏むまいと考えているはずです。わが手で解散・総選挙を断行して、菅政権の基盤をさらに固めて長期政権を目指したいと。総選挙で民意を問い、勝利を勝ちとった政権は、対外的にもぐんと存在感を増しますから。ただ、来年の七月には、公明党が主戦場と位置付ける東京都議会選挙があります。ここに衆議院の解散をぶつけるわけにはいかないでしょう。

手嶋　菅総理が、わざわざ「太いパイプ」を毀損《きそん》するような挙に出ることはちょっと考えにくいですね。

佐藤　ただ、七月二十三日から九月五日までは、一年遅れの東京オリンピック・パラリンピックが予定されています。予定通り開催されれば、その間に総選挙を実施することは難しくなります。

手嶋　菅政権は、東京オリンピックを是非とも開催したいと考えているようですね。

佐藤　今後のコロナ感染の状況によるのですが、ＩＯＣ（国際オリンピック委員会）は、アメリカのＮＢＣテレビからの巨額の放映権料を頼りにしていますから、たとえ無観客に近いものになっても、参加国を絞ってでも、それこそあらゆる手立てを尽くして開催に持ち込もうとするのではないでしょうか。

手嶋　確かに、日本側の動きも、ＩＯＣ内部の動向も、東京オリンピックを予定通りに開催する方向で動いているようですね。

佐藤　そうなったら、残る解散の選択肢は、来年九月までとされている次の自民党総裁選で、菅さんが再選された直後ということになります。これは事実上の任期満了の総選挙となりますが、果たしてそれでは政権がもつのかどうか。自前の解散に持ち込まなければ、菅政権が「野垂れ死ぬ」可能性が否めません。

右バネの暴発も視野に入れながら

佐藤　やはり菅さんには、長期政権を引き継いだ難しさもあります。今後は、中国への対応などを巡って、「右派」からのプレッシャーも高まると思うのです。安倍政権の後期になって、安倍さんの応援団だった人たちの中からさえ、「中国に甘い」という批判の声が上がるようになりました。彼らは、安倍さんが総理だからまだ我慢していた部分がありましたが、菅さんには容赦しないでしょう。政権に対する「右から攻撃」は強まらざるを得ません。

手嶋　菅政権のアキレス腱は、保守勢力の内部にも潜んでいるわけですね。

佐藤　もちろん、左というかリベラルのほうも、「とりあえず安倍さんが退いて、ほっと一息」という感じではありません。そもそも、政権のでき方が「密室・談合」の古い自民党そのままです。あるいは、例えば日本学術会議の会員候補者のうち六人の任命を拒否した事案に見られるように、安倍政権以上の「反動内閣」ではないのか、と批判を強めるはずです。

手嶋　左右から挟撃される状況で、新総理が一手でも差し間違えれば、たちまち求心力の低下に繋がるでしょう。

佐藤　「菅機関」が機能不全に陥って総理が失点を重ね、個人的な人気で稼いだ就任当初の支持率が目に見えて下落するようなことになれば、「やっぱり菅では戦えない」という声が自民党内で高まるはずです。そうなると、そもそも来年の自民党総裁選挙は乗り切れません。解散権を行使する前に、「退場」です。来年初までの解散を躊躇《ちゅうちょ》した場合、そういうリスクが出てくるかもしれない。

手嶋　何かと必死に戦って敗れ去るというよりも、「野垂れ死ぬ」。それも佐藤さんなりの言い回しで、じつに言い得て妙です。ただし、菅政権が内政だけでそのような末路をたどるとも、僕には思えないのです。決定打になるのは、繰り返しになりますが、必然としてもたらされるであろうアメリカの圧力、それも両国間の個々の経済政策や政治路線の問題ではなく、対中国政策です。もしもそこで方針が異なるということになれば、それはすなわち日米同盟に亀裂が生じることを意味します。もちろん、そうした事態は国内政治にも、大きな波紋を拡げることでしょう。そうなった時、少なくとも今の菅政権が耐えきれるとは思えません。

佐藤　おっしゃる通りで、現状のまま、「中国問題」というアメリカの一撃を食らえば、政権基盤は大きく揺らぐことになるでしょう。同盟関係を崩すわけにはいかない、さりとて「アメリカの言いなり」では、今度は中国が日本に牙をむきます。そうした政治姿勢には、国内の批判の高まりも避けられません。ですから、ある程度はアメリカにももの言えるだけの対外的な正統性を担保することなく推移すれば、〝米中激突イコール菅政権野垂れ死に〟にならざるを得ないと思います。

第二章

アメリカ大統領選と中国

安倍・トランプ連合の崩壊

手嶋　「安倍・トランプの絆」の強さを裏付けるエピソードを二つ挙げておきましょう。二〇一六年十一月十八日、安倍総理はトランプ・タワーに乗り込み、サシの会談をやってのけました。安倍総理は、その足で南米ペルーの首都リマのＡＰＥＣ首脳会議に駆けつけます。安倍総理が会議場に姿を見せると、各国の首脳たちは畏敬の眼差しを向けたとその場に居合わせた随員から聞いたことがあります。どの首脳もトランプ次期大統領とはちゃんとした面識がない。そんななか、安倍総理は次期アメリカ大統領と早々と会ったのですから、さもありなんですね。これが外交の力というものです。

佐藤　実際にトランプ・タワー会談では、トランプ次期大統領から各国首脳がどんな人物か訊ねられ、人物の品定めもしてみせたと言います。ドイツのメルケル首相はロシアのプーチン大統領と親しく、電話ではロシア語でやりとりをしていることなども伝えたそうですね。

手嶋　安倍総理は、首脳外交にデビューするトランプさんのいわば外交指南役を務めたというわけです。トランプ・タワー会談で、ふたりが密やかに交わした会話の中身は、紛れもなく第一級のインテリジェンスです。どの国の情報機関も、どんな切れ端でもいいから知りたい。そのためなら、かなりの情報を差し出すと言っていたほどです。

佐藤　ということは、手嶋さんは、貴重なインテリジェンスを手に入れたわけですね。

手嶋　現場の情報機関員は、原則としてネタの交換を許されていません。佐藤さんほどのプロフェッショナルなら、よくご存じの通りです。その話はさて置き、「安倍・トランプ組」の絆が功を奏した第二の例は、米朝首脳会談に関するものです。

トランプさんは、アメリカ大統領として史上初めて北朝鮮の独裁者、金正恩委員長と会談することが決まり、さて会談場所はどこにするかが、問題になりました。二〇一八年六月のことです。韓国の文在寅大統領は、何としても三十八度線の板門店でと拘りました。米朝首脳の歴史的会談を初めて実現させた仲介役は自分だとアピールしたい。そのためには、板門店こそ絶好の舞台になります。まず、トランプ・文在寅の電話会談が行われ、ここで板門店に決まりかけます。これに慌てたホワイトハウスの高官は、すぐに日本側のカウンターパートに連絡し、「安倍総理から板門店でなく、シンガポールでと話してほしい」と頼み込んできました。これを受けて、安倍総理は「会談場所はシンガポールがいい」と説得し、トランプ大統領はそれではと安倍さんの助言を受け入れたのでした。

佐藤　「ウマが合う」という言葉があります。首脳同士が、どれほど親密か、まさしくケミストリーは、時に、国際政局を動かすことがあるいい例ですね。トランプ大統領のように、身内を除けば、側近の言うことすら聞こうとしないリーダーの場合は、安倍さんのように、きちんと話ができる外国首脳の存在は貴重でした。しかし、いま現在は、日米にそうしたパイプが存在しないことになります。

手嶋　トランプさんのような難しい人と話ができる。そんな安倍さんの「雑談力」は、もっと評価されてもいいと思います。もっとも、その安倍さんも、トランプさんと長時間にわたって会談した後、「こんどもまた、とりとめのない雑談に終始してしまった」と嘆息していました。あれも、これもと、周到な準備をして、会談に臨んでも、トランプ独演会に終わってしまったと。やはり、困り者の大統領ですね。

佐藤　安倍総理の在任中は、ロシアのプーチン大統領とは二四回、トランプ大統領とは一四回も会っています。「シンゾー」「ウラジーミル」と呼び合うふたりの関係は、「アンゲラ」「ウラジーミル」の間柄と較べても、かなりのものだったと思います。安倍総理は、北方領土交渉を前に進めることを内閣の最優先課題の一つに挙げていましたから、この親密な間柄をテコに何とか事態を動かしたいと考えていたはずです。

手嶋　北方領土問題は後ほど、佐藤さんと詳しく検証したいと思いますが、結果としては、日ロの首脳同士の親密な間柄を平和条約交渉に役立てることはかないませんでしたね。

佐藤　その意味では、プーチン大統領はいま、極東に一種の力の空白が生じてしまったと感じているのかも知れません。立場は違っていても、気脈を通じた政治指導者が日本にいることは、一種の戦略的な安定の礎になります。それが、安倍退陣によって、極東にぽっかりと真空状態が生じてしまった。プーチン大統領はいま、対東アジア戦略の練り直しを迫られていると思います。

手嶋　確かに、安倍総理とプーチン大統領、トランプ大統領との関係を、外交上の懸案を解決する決め手として使うことができたのか。この点では、シンガポール会談の設定のような小さな成功例はあるものの、北方領土や拉致問題といった重要な懸案では、見るべき成果はなかった。安倍総理自身が、辞任表明の記者会見で語ったように、さぞかし心残りだったにちがいありません。

「安倍・トランプ」関係を、菅新総理が十分に時間をかけて引き継ぐ間もないまま、新たな国際政局の幕があがった。その結果、東アジアの安全保障環境は、これまでになく脆いものになりつつある。それこそが、「安倍・トランプ」というゴールデン・コンビが退場し、それによって戦略的空白が生じた、本質的な問題なのだと思います。

佐藤　巨視的に見れば、二〇二〇年代の最重要の問題は、台頭する新興の大国、中国にどう向き合っていくかでしょう。

手嶋　表現を換えていえば、日米同盟が、軍事大国、中国の台頭を有効に抑止し、東アジアでの新たな紛争を未然に防ぐことができるのか。とりわけ、「安倍・トランプ」の親密な関係が、対中抑止に向けた揺るぎない戦略を練りあげるきっかけになったのか。

これについては、確たる成果はなかったと言わざるを得ません。

佐藤　習近平政権の側にとっても、突然の安倍辞任によって、対日戦略の練り直しを迫られているはずです。安倍晋三という政治指導者は、日本の政界の右派勢力に支えられていたことは、紛れもない事実です。しかし、第一期安倍内閣の発足にあたって、電撃的に中国を訪問します。これによって、靖国問題で首脳同士の交流が五年にわたって途絶えていた日中関係を安定軌道に乗せています。第二期の安倍政権も、後半には習近平国家主席の国賓としての訪日をすすめるなど、日中関係の改善に尽力しています。中国側からすれば、意外に近しい日本のリーダーということになります。

手嶋　確かに、その通りなのですが、そんな中国の好意的な眼差しの陰には、したたかな戦略眼が見え隠れしています。日本、中国、米国という「現代版三国志」の文脈で読み解かなければなりません。

佐藤　すべては、米中の対立に根差しているというわけですね。米中が鋭く対立するなかでは、日米同盟に少しでも亀裂を入れることができればと中国は考えている。

手嶋　まさしくそうだと思います。北京が東京に微笑外交で臨んでいるのは、米中の険しい関係を映したものと受け取るべきだと思います。ここ数年、中国の習近平政権が、安倍総理に驚くほど気を遣っているのは、日米に楔を打ち込みたいと考えているからでしょう。

佐藤　コロナ禍もあって、結局、習近平国家主席の日本への国賓としての訪問は延期されましたが、これなど、中国の対日外交カードの最たるものですね。米中関係が厳しくなればなるほど、中国にとっては、日米同盟の一方の当事者である日本の戦略的な重みは増しますから。

手嶋　習近平政権としては、「日米同盟」が「日・米・豪同盟」に強化され、さらには「日・米・豪・印の太平洋同盟」に発展していき、対中国包囲網が形成されることを何としても阻止したいと考えています。

佐藤　それだけに「日米同盟」が、対中国同盟の色彩を濃くしていくことは阻止したいと考えているはずです。

手嶋　安倍退陣に伴って、次期政権のキングメーカーの役割を演じたのは、自由民主党の二階俊博幹事長でした。安倍政権の路線継承を大義名分に、地方党員を含めた総裁選挙を早々と封じて、石破政権の芽を摘んでしまいました。この実力幹事長が、永田町の寝業師として安倍路線の継承に道を拓《ひら》いたのでした。

佐藤　習近平主席が肝入りで開催した「一帯一路」の国際会議。第一章でも触れたように、かつて二階幹事長は、この会議に安倍親書を携えていきました。私は外交官でしたから経験的に言えるのですが、「総理親書」はじつに重いものなのです。一国の最高首脳が、国家の意志を文書で伝えるのですから。それまで、安倍政権は、習近平政権が一枚看板に掲げる「一帯一路」構想については、大中華圏構想の色彩も強く、このため積極的には協力する姿勢を示していませんでした。安倍政権としては、「自由で開かれたインド太平洋」構想に背馳すると見ていたわけです。

手嶋　ところが、中国側の強い働きかけを受け入れ、若干の前提条件は付けましたが、基本的に「一帯一路を支持する」という文言を入れてしまいます。ポスト安倍政権としては、このキングメーカーたる二階幹事長のメンツを潰してまで、習近平の中国に厳しい姿勢を示すことができるか、かなり疑問ですね。

佐藤　その一方で、大統領選挙の洗礼を受けたアメリカの政権は、連邦議会ともども、習近平の中国に極めて厳しい姿勢を取りつつあります。

手嶋 その通りだと思います。日本の安倍継承政権が、中国に宥和的な姿勢を示せば、日米同盟にとって、大きな波瀾要素となると思います。

佐藤 これからの国際政局は、習近平の中国にどう対していくか、これを最大のファクターに動いていくことになります。

米大統領選は今後のアメリカをどう導くか

手嶋 ドナルド・トランプ大統領は、二〇一九年の秋口までは、自らの再選を疑っていなかったように思います。比較的年齢の高い白人の男性を中心にしたトランプの「岩盤支持層」を常に四〇%前後固め、トランプ減税の効果もあって経済は好調、なにより頼みの株価も高い水準を保っていました。

佐藤 二〇一九年の暮れまでは、好調なアメリカ経済を背景に、失業率も歴史的な低さである三%台に留まっていましたからね。

手嶋　ええ、「失業率こそアメリカの大統領選挙の行方を決める」――。米国ではそう言われます。経済に陰りが見え、失業率がじりじりと上がり始めると、時の政権を担っている現職大統領には黄色信号が灯り始めます。高い失業率は現職の再選には不利な材料の最たるものです。かつて、パパ・ブッシュ大統領は、湾岸戦争の勝利で九〇％近い支持を得ながら、その後の経済運営に躓《つまず》きました。若者の失業率が一〇％近くまで上がって、当初は知名度もさして高くない、アーカンソーという有力とはいえない州の知事にすぎなかったビル・クリントン民主党候補に敗れてしまいました。失業率はげに恐ろしい――。

佐藤　現職の大統領、ドナルド・トランプ氏にとって、その失業率が、何と三％台という歴史的な低さに留まっていたのですから、海外での評判がどれほど芳しくなくても、本人は再選を疑っていなかった。有権者の側も、うちの大統領は、いささか困り者だが、雇用はきちんと守ってくれている。まあ、次もトランプでいいか。こんな感じだったと思います。

手嶋　ところが、好事魔多し。コロナ禍が、そんなトランプ再選のシナリオを大きく狂わせてしまいました。

佐藤　コロナウイルスは恐ろしい――。スペイン風邪の大流行が、徴兵年齢にあたる青年層の命を数多く奪い、参戦した国々は、第一次世界大戦の続行が難しくなったと言われたほどです。今度のコロナ禍も、二〇二〇年の大統領選挙の戦線にかなりの影響を及ぼしました。

手嶋　その通りなのですが、正確にはコロナ禍がというより、この未曽有の災厄にいかに対応したかが、大統領選に大きなインパクトを与えたのです。現に、アメリカ以外では、新型コロナウイルスに適切に対応し、たちまち支持率を伸ばした政権もありました。ドイツのメルケル首相、台湾の蔡英文総統などがそうですね。ですから、コロナ禍がすべての政権に痛打を浴びせたわけではありません。

佐藤　たしかに、今度のコロナ禍で指導力を発揮し、パンデミックを抑え込んだ政治指導者は、ドイツ、台湾だけでなく、ニュージーランド、フィンランド、デンマークと女性リーダーが多い。これについては、別途、検証しておく必要がありますね。

手嶋　さて、コロナ禍のトランプ大統領ですが、〝躓きの石〟の第一は、未知のウイルスが蔓延し始めた初期の段階で、この感染症を「インフルエンザと同じように夏になれば消えてなくなる」と軽視し、迅速な措置をとろうとしなかった。こうした国家の災厄に敢然と、迅速に立ち向かっていれば、「戦時の指導者」として支持率を伸ばしていたはずです。ところが、トランプ大統領は「消毒薬を注射してはどうか」といった無責任な発言を繰り返し、ファウチ博士という感染症の世界的権威の助言を真剣に聞こうとしなかった。その結果、新型コロナウイルスへの対策は、ことごとく後手に回り、支持率を減らしていきました。

佐藤　トランプ大統領も消毒薬発言は「やばい」と思ったのでしょう。新型コロナウイルス感染症が、本格的なパンデミックになったとみるや、これを「武漢ウイルス」と名指しし、すべては習近平政権と中国の影響下にあるＷＨＯ（世界保健機関）の責任だと言い始めました。中国がこの感染症を隠そうとしたことがこれほどの惨事を招いたと批判しました。

手嶋　強権国家は不都合な真実を隠したがる——というわけですね。でも、トランプ大統領は、初めは、武漢のロックダウンを断行した習近平主席の采配を賞賛さえしていました。しかし、アメリカ国内で、中国に対する反感が、共和、民主、いずれの支持層にも拡がっているとみるや、コロナウイルスの発症をひた隠しにした責めは中国にありと手厳しく批判し、賠償を求める姿勢を鮮明にしていきました。

佐藤 でも、トランプ大統領は、明らかに初動で後手を踏んでしまい、世界一の患者と死者を出してしまいました。そして、その結果責任を取らされることになったんですよ。

郵便投票がトランプを追い詰めた

手嶋 コロナ禍の隠れた、しかし、極めて重要な選挙戦への影響を指摘しておかなくてはなりません。ソーシャルディスタンシングが行き渡ったことで、郵便投票が一気に拡がったのです。これがトランプ再選の痛手となりました。

佐藤 選挙集会や投票行動は、アメリカに限らず、三密の典型ですからね。手嶋さんは、アメリカ大統領選挙を現地でずっと取材してきた経験からいって、郵便投票の拡大が、なぜ、トランプ陣営に不利に働いたと思いますか。

手嶋　共和党保守派の牙城であるキリスト教右派のケースを紹介するのが分かりやすいと思います。彼らは日曜には必ず教会で祈りを捧げ、宣教師の話に熱心に耳を傾ける。ひとことでいえば、じつによく組織化されている。そのために、早くから有権者登録を呼びかけ、投票日にはお互いに誘い合い、バスまで繰り出して投票所に連れていく。こんな堅い票田はありません。これに対して、黒人などマイノリティ票は、必ずしも有権者登録に熱心でなく、トランプ批判はしても、投票に行きたがらない人も少なくありません。

佐藤　そんなアメリカの選挙を巡る社会構造に、コロナ禍による郵便投票制度の拡がりは、大きなインパクトを与えたわけですね。

手嶋　その通りです。白人警官による黒人の殺害事件をきっかけに、黒人層のトランプ大統領への怒りに火がつき、デモだけでなく、投票所に足を運ばなければ、事態は変わらない。黒人やヒスパニックのマイノリティ層の多くがそう感じ、結果として空前の投票者数となりました。でも、コロナ禍が怖いので投票所には行きたくない。その結果、郵便による投票が飛躍的に拡がったのでした。こうして、民主党支持者を中心に投票率が上がり、激戦州のペンシルベニア州などで民主党のバイデン・ハリス陣営に有利に働きました。

佐藤　トランプ大統領と共和党の保守強硬派が、なぜ郵便投票を目の敵にしていたのかがよく分かりました。トランプ陣営が指摘するように、郵便投票では、投票用紙を不正に入手したり、外国の勢力が介入したりする懸念は確かに残りますね。もっともそれが投票結果を左右するなどの影響は及ぼさないと思います。

手嶋　トランプ陣営は、民主党に有利となる郵便投票を親の仇《かたき》のように見て、不正の温床だと批判してきました。投票日からしばらくはなお、開票と票の数え直しが続きました。結果がもう少し近接していれば、二〇〇〇年のジョージ・W・ブッシュ対アル・ゴアの選挙戦のように、裁定が連邦最高裁に持ち込まれて最終決着が長引く可能性も出ていたと思います。アメリカ大統領選挙は、州ごとの勝敗を争う「国盗り物語」です。その州で勝利した候補は、人口に応じて割り当てられた選挙人を多くの州では総取りする方式です。そして、五三八人の選挙人の過半数である二七〇人を獲得した候補が晴れて大統領になる複雑な仕組みです。しかし、実際には、敗れた側が敗北を認めて、勝者に電話をかけてその旨を伝える「敗北宣言」で決着がつくのです。

佐藤　ボクシングのリングで、敗れる前にタオルを投げるように、潔く敗北を認め、国家の結束を国民の前に示して見せるのですね。

手嶋　これは見ていてなかなかいい光景です。しかし、敗れ去った側が、「敗北宣言」をしなければ、最終的に選挙結果が確定するまで決着がつかなくなってしまう。

佐藤　言い方を換えれば、大統領権力の正統性に傷がついてしまうというわけですね。大統領の統治の正当性を疑わせることになる。選挙で公正に選ばれたはずの大統領職に瑕疵が生じてしまう。これは深刻な問題です。

手嶋　アメリカ政治を現地で永く取材してきた経験から申し上げれば、超大国アメリカは、じつに様々な問題を抱えています。アメリカ版永田町政治のような腐敗も見受けられます。深刻な人種間の対立も抱えている。しかし、ことアメリカ大統領を選ぶ過程では、これまで大がかりな不正が行われた例はありません。トランプ大統領が選挙戦を通じて「投票に不正あり」と訴えることは、古き良き時代のアメリカン・デモクラシーの伝統を傷つけてしまったと言っていいでしょう。

佐藤　間もなく発足するバイデン政権は、そんな十字架を背負って船出しなければならないのですね。

手嶋　そう思います。その意味で、新型コロナウイルス感染症は、人々の健康を損ね、尊い人命を奪い去っただけではない。超大国アメリカの民主主義のシステムをも、大きく揺さぶったと言えますね。

佐藤　どんなに洞察力に富んだ選挙分析家も、政党の選挙戦略家も、コロナ禍がアメリカの大統領選びをここまで左右するとは、予測できなかったはずです。コロナ禍が、アメリカ経済にリーマンショックを超すショックを与え、その結果、現職大統領にとって、最大の鬼門である失業率を上昇させてしまった。そして、人々にソーシャルディスタンシングを強いた結果、投票システムにまで革命的な地殻変動を引き起こしてしまった。バイデン・ハリス政権はそんな烈風のなかで船出することになる。二〇一九年の暮れには、想像できなかった光景です。

手嶋　九・一一事件によって、「テロの世紀」の幕が上がったと言われますが、ここで「コロナの世紀」に局面が変わってしまった、と言ってもいいかもしれません。

白人警察官の暴行で黒人のジョージ・フロイドさんが死亡したミネアポリスの事件をきっかけに、アメリカ社会が真っ二つに割れてしまっています。アメリカのバイデン次期大統領は、こうした危機のなかで就任します。国民統合の象徴としての役割をいまほど求められている時はありません。

佐藤　加えて、主要な同盟国を含む国際社会からすっかり愛想をつかされてしまった。新しいアメリカ大統領は、超大国アメリカの指導力を取り戻すことも期待されています。

手嶋　アメリカ外交史の泰斗、ハーバード大学のウォルター・ラッセル・ミード教授は、選挙前に『ウォールストリート・ジャーナル』紙に刺激的な論考を寄せて、トランプ大統領を批判しました。

「国際社会はいまやトランプの退場を待ち受けている」

この人はトランプ政権寄りといわれるハドソン研究所の特別研究員を務めていただけに、この厳しい指摘は保守派にも衝撃を与えました。現に欧州の要であるドイツも、永年の盟友であるイギリスも、「トランプのアメリカ」では、もはや世界を導いていくことはかなわないと辛辣な姿勢をとっていました。

佐藤 それを裏付けるように、ドイツのメルケル首相は二〇二〇年五月にトランプ大統領がアメリカでG7サミットを開催する意向を表明すると、いち早く「私は行かない」と意思表明しました。G7各国とトランプ政権との亀裂は拡がっていきました。

民主党の大統領代行　カマラ・ハリス候補

手嶋 ここで、民主党のランニングメイト、カマラ・ハリス副大統領候補が、今度の選挙戦でどんな役割を果たしたか考えてみましょう。これまでの大統領選挙でも、副大統領候補に誰を選ぶかは大きな話題になってきました。しかし、副大統領候補の人選が大統領選挙の行方を決める決定打になったかと問われれば、答えは明らかに「ノー」でした。

佐藤 いうまでもありませんが、アメリカの副大統領は、あくまで大統領あってのものですからね。

手嶋 ただ、時の大統領候補が、冴えない副大統領候補やスキャンダラスな副大統領を選んでしまった場合は、この経験則は当てはまりません。近くは第四一代、つまりパパ・ブッシュ大統領のケースです。すでにこの名前は忘れ去られて久しいのですが、ダン・クェイル副大統領がそうです。再選の足を明らかに引っぱった。ニクソン大統領も副大統領の人選を誤り、途中で更迭を余儀なくされています。

佐藤　副大統領が政権で大きな影響力を振るったケースとしては、チェイニー副大統領がいます。ただ、このケースも選挙戦そのものの行方を決めたわけではありませんでしたね。

手嶋　アメリカの政治で、副大統領ほど不思議な存在はない。歴代の政権をホワイトハウスで取材した経験からいって、つくづくそう思います。大統領の身に万一のことがあれば、直ちに跡を継ぎ、平時には上院の議長も務めます。上院議員の賛否が同数となれば、副大統領の一票が法案の成否を決める。ホワイトハウスとは別にマサチューセッツ通りに広大な副大統領公邸を構え、ワシントン政界に絶大な影響力を誇っているように見える。ただ、現実の政治でどれほどの影響力を振るうことができるか。そのすべては、時の大統領といかなる関係を築きあげているか、その一点にかかっているのです。まさしくその名の通り「大統領制」なのです。

佐藤　その点では私が見てきたクレムリンも同じですね。首相は確かにいますが、メディアから「皇帝」と呼ばれるプーチン大統領が、最終決断は下してきました。ただし、外から見えているほどには、独裁的ではありませんよ。様々な利益集団のバランスの上に立って、主要なステークホルダーの意向を慎重に見極めて、舵取りをするタイプといっていい。

手嶋　キューバにソ連製の核ミサイルが密かに持ち込まれ、危機の十三日間の幕があがった時のことでした。ケネディ大統領は、ホワイトハウスにＥＸＣＯＭＭ緊急執行委員会を招集しました。殺気立つ空気のなか、補佐官のひとりが「あっ、副大統領に声をかけ忘れていた」と気づき、慌てて連絡したという。この有名なエピソードは、ケネディ政権に在って副大統領がいかに軽い存在だったかを物語っています。この人こそ、ダラスで暗殺されたケネディに代わって大統領となったリンドン・ジョンソンです。

豊富な議員歴をもつジョー・バイデン氏は、ホワイトハウスにあって「忘れられた副大統領」を幾人も見てきたのでしょう。バラク・オバマ氏から副大統領のポストを打診された時には「すべての重要会議に招かれるなら」とこれを条件に受諾しています。
民主党のバイデン大統領候補は、副大統領候補にカマラ・ハリス上院議員（五十五歳）を選んだのですが、これまでの副大統領候補とは重みがまったく異なっていました。その理由は三つです。まず、第一は、ホワイトハウスに入るバイデン氏が大統領になれば七十八歳という史上最高齢であり、任期半ばで大統領職を引き継ぐ可能性がある。第二は、バイデン氏の後継にはハリス氏が最有力でしょう。そして第三は、いま挙げた二つの理由から、現職大統領を凌ぐような役割を演じざるを得ないはずです。

佐藤　カマラ・ハリス副大統領は、現時点では、アメリカ初の女性大統領に最も近い地点に立っていると言っていいですね。でも、その前途には、多くの試練が待ち構えていると思います。彼女は、史上初めての非白人系の副大統領です。小さな時に両親が離婚していますが、父親はジャマイカからの移民で、スタンフォード大学の経済学者。母親はインドから来た、タミル系の医学研究者です。

手嶋　いま佐藤さんは正確に「非白人系の」と表現しましたね。ハリス副大統領自身は、自らをアメリカン、つまりアメリカ系市民と名乗っています。「はじめての女性黒人副大統領」と呼んでいるメディアもありますが正確ではありません。ここはアメリカという国の本質にかかわる大切なところです。

佐藤　アメリカ合衆国は、「白人の移民」と「奴隷としてやってきた黒人」からなる国だと説明されます。黒人が白人の警察官によって死亡させられ、全米を揺るがした事件も、まさしく、こうしたアメリカという国の成り立ちに源を発しています。

手嶋　バラク・オバマ大統領は、肌の色は黒いのですが、奴隷としてアメリカ大陸に売られてきた黒人にルーツはもっていません。父親はケニアから留学生としてやってきたいわばエリートでした。ですから、移民の系譜に連なっています。オバマ大統領は、ハーバード大学のロースクールを卒業した後、シカゴの黒人の最貧地帯に社会運動家として赴き、後天的に「黒人になった」と自ら言っているのは、そうしたファミリー・ヒストリーのゆえです。

佐藤　カマラ・ハリス副大統領の場合も、奴隷としてアメリカにやってきた黒人の子孫ではない。オバマ・ファミリーと同様に知的な家庭に生まれた「移民」の系譜に属しているといっていい。人種問題で大きく揺れている超大国アメリカはいま真っ二つに切り裂かれています。バイデン大統領がハリス氏を副大統領候補に選んだ時「この国、女の子たち、特に黒人やヒスパニックの子は、今朝起きたらまったく違う自分になったように見えただろう」と述べたのは印象的でした。彼女は、まさしく人種のサラダボウルといわれる二十一世紀のアメリカを体現するような存在です。この国を一つにまとめあげる潜在力があるはずです。しかし、それは、政策策定の力などではなく、人々を惹きつけてやまない人間力が備わっているか否かにかかっています。

手嶋　ロナルド・レーガン大統領という人が、現代アメリカを代表する歴史家たちから「二十世紀のもっともすぐれた大統領」のひとりと認められているのも、そうしたアメリカ国民を一つにまとめあげた人間的魅力にありました。

佐藤　「蓮の女」というサンスクリット語の名をもつカマラが、トランプ大統領によって引き裂かれてしまったアメリカを再び一つにまとめあげ、大輪の花を咲かせることができるか。本書のテーマである「米中対立」の行方も左右することになるでしょう。

手嶋　その通りです。レーガン大統領は、アメリカのデモクラシーに揺るぎない自信を持ち続けた人で、その信念のゆえに、あの冷たい戦争を終わらせる推進役になったのですから。

コロナ・ワクチン巡る情報戦

手嶋　大統領選挙戦がいよいよ佳境に入ろうとしていた二〇二〇年の七月下旬、テキサス州の医学研究都市ヒューストンから米中対立の新たな火の手が上がった。それは、米中関係が危険水域に入ったことを告げる狼煙《のろし》となりました。

佐藤　在ヒューストン中国総領事館を来る七月二十四日をもって閉鎖すべし――アメリカ国務省は、中国側にこう通告し、国際社会を驚かせました。

手嶋　この突然の命令に慌てたヒューストンの中国総領事館は、夥《おびただ》しい書類を庭に持ち出して燃やし始めた。住民の通報で消防車も現場周辺に駆けつけ、辺りは騒然とした空気に包まれたといいます。

佐藤　領事館は「領事関係に関するウィーン条約」によって、不可侵の領事館権が認められています。しかし、閉鎖されると領事特権はなくなります。閉鎖を命じられてから退去するまで、短時間で書類やデータをすべて抹消することは不可能です。ですから閉鎖後に情報当局は、総領事館を徹底して捜索し、押収した証拠に基づいて互いにスパイ活動を非難し合う事態となりました。

手嶋　一九四一年、日本の空母機動部隊が、真珠湾を奇襲すべく北太平洋を航行していた時、ホノルルの日本総領事館でも、東京からの訓令を受けて機密書類を焼却し、暗号機を破壊しました。米側の防諜当局は、そんな動きに薄々気づいていたのだが、ハワイが奇襲の標的だとは考えず、警告を発しなかったといいます。大使館や総領事館の閉鎖を前に、機密書類を焼き捨てる行為は、外交関係が危殆に瀕している証左そのものなのです。

佐藤　今回、米国政府がヒューストンの中国総領事館を狙い撃ちにした意図は明らかですよ。中国が全米で繰り広げている情報活動、とりわけワクチン開発などのバイオ情報を収集する司令塔の一つが、ヒューストンの中国総領事館だと見たからですよ。

手嶋　アメリカの司法当局は、外交特権に守られた公館を拠点に医療分野の研究成果を掠《かす》め取っていたと指摘しています。テキサス州ヒューストンの街には、テキサス大学の

MDアンダーソン・がんセンターをはじめ、多くの医学・医薬品の研究施設が集まっています。とりわけ、新型コロナウイルスのワクチン開発に取り組んでいます。

佐藤 このトランプ政権の在ヒューストン総領事館の閉鎖命令に、習近平政権も直ちに報復措置を発動しました。そう、やられたら、やり返す、という半沢直樹流です。四川省成都にあるアメリカ総領事館を閉鎖させる措置に踏み切ったのです。米国の諜報組織は、分離・独立運動がくすぶるチベットの動向を掴むための拠点にしているとして、成都を報復対象に選んだのだと思います。

手嶋 東西冷戦のさなかにも、互いの諜報要員をペルソナノングラータ（好もしからざる人物）として追放するケースはありました。しかし、米ソ双方ともに、あえて対立を諜報分野に限って、外交全般に影響が及ばないよう自制を利かせていました。

佐藤 そう、暗黙のルールに従いながら、冷たい戦争を戦っていたのです。ところが、今回の報復劇では、そんな自制は露ほども窺われません。スパイを摘発した場合、それを公表せずに静かに処理することが一般的です。今回は、アメリカ政府が、中国人研究者の身柄を拘束している事実を敢えて公表し、しかも、総領事館閉鎖に踏み切ったのは、アメリカが中国との外交戦争を覚悟している証拠です。

手嶋　コロナ・ワクチンの開発競争との関連で研究所に勤務していた中国人の追放劇は重要です。米司法省は中国軍との関係を隠したまま不正にビザを取得した中国人、四人のうち、在サンフランシスコ中国領事館に逃げ込んでいた女性研究者の身柄を確保したことを明らかにしました。他の三人は、中国側の意向を受けて研究に携わりながら、その事実を申告していなかったとしてすでに研究所から追放されています。米中両国は、いまやコロナ・ワクチンの開発分野を主戦場に情報戦を構えつつあるのです。

コロナは世界の情報システムを塗り替えた

手嶋　ホワイトハウスの彼方に見えるペンタンゴンから炎が上がり、黒々とした煙が立ちのぼっている――。あの日の光景は、いまもわが脳裏に棲みついたままです。

二〇〇一年九月十一日、ハイジャック機はまずニューヨークの世界貿易センターを崩壊させ、続いて国防総省にも襲いかかった。まさしく「テロの世紀」の幕開けを告げる凶事でした。私はワシントンから中継放送を続けていたのですが、果たしてそう洞察していたのか自信がありません。

佐藤　現場に居合わせると、すべてお見通しといった錯覚に陥るものです。現場に居合わせたゆえに、事柄の本質がかえって見えにくくなる、と自分を戒めておくほうがいいんですよ。私も一九九一年八月のソ連共産党守旧派によるクーデター未遂事件に居合わせましたが、ソ連がどうなっていくのか、見通せずに苦しんだことを記憶しています。

手嶋　二〇〇一年九月十一日の同時多発テロは、世界の風景を一変させた未曽有の大事件でした。それ以前、冷戦期のアメリカは、ソ連を主敵と見定め、クレムリンの意向さえ正確に摑んでいれば、国家の破滅は免れると考えていました。ところが、九・一一事件が起きたのを機に、アメリカは国際テロ組織こそ姿を見せない敵と見定めるようになりました。これが安全保障の世界に重大な地殻変動をもたらすことになります。

佐藤　新型コロナウイルス感染症は、これまでにじつに二〇万人を超える人命を奪っただけじゃない。全世界の社会・経済システムに鉄槌を下すような打撃を与えました。その結果として、世界の安全保障・インテリジェンス・システムを根底から塗り替えてしまった。未知のウイルスは、冷戦時代のソ連の核部隊や、ポスト冷戦の幕を開けた自爆テロに匹敵するような脅威となったんです。

手嶋　九・一一事件からまもなく二〇年になろうとしていますが、われわれが暮らす世界には新たな地殻変動、そう「パラダイムシフト」が起きようとしています。

佐藤　新型コロナウイルスは、二〇一九年十一月には、中国の武漢で発生し、瞬く間に猛威を振るい始めました。まさしく強権国家は不都合な真実をひたすら隠そうとするものです。

手嶋　確かに、当初、中国の当局者は、自国民に警告も発しようとせず、WHOにも迅速に正確な報告をあげようとしませんでした。強権下の政権が秘匿する情報は、常の外交ルートでは入手できません。

佐藤　その通りです。外交官だった経験から言えば、在外公館に勤務する外交官は、任国のカウンターパートと信頼関係を築きあげ、彼らが伝えておいたほうがいいと思う情報を直話や文書で入手して本国に打電します。しかしそこには任国がどうしても隠しておきたいという機密情報は含まれていないんですよ。

手嶋　しかし、佐藤さんのようなインテリジェンス・オフィサーは、ソ連側がどうしても秘匿したいという情報も摑んで東京に打電していた。そのエッセンスは、ワシントンにいた僕にも伝わってきたのですから。でも、いまでは佐藤さんのような外交官は、絶滅危惧種です。一歩間違えば、国外に追放されかねない危ない仕事に常の役人は手を出しません。(笑)

佐藤　ですから、普通の国は、外務省の外に対外情報機関を持ち、外交官や記者などに身分を偽装させ、その国の機密の壁を潜り抜け、周到な分析を加えて、国家指導者に機密情報を伝えるんです。インテリジェンス機関の存在が欠かせないのは、そんな理由からです。

手嶋　「コロナを制する者は、世界を制する」。それゆえ、米中の間ではいま、熾烈な情報戦が戦われています。すでに見てきたように、テキサス州の医学研究都市ヒューストンがその情報戦の主戦場となったのです。中国との関係を申告せずに研究所に勤めていた四人の中国人研究者を摘発した。それは、アメリカの防諜当局が、バイオ情報を探る中国のスパイ活動を許さないという意思表示なのです。

佐藤　新型コロナウイルスの蔓延を機に、アメリカをはじめ世界のインテリジェンス・コミュニティでは、未知のウイルスが引き起こすパンデミックを安全保障上の重大な脅威と受け止めるようになりました。そして情報機関の組織、人員、予算を抜本的に見直しています。

手嶋　ええ、アメリカでは、DIA（米国防情報局）の傘下にあったNCMI（米国立医療情報センター）の役割がクローズアップされています。メリーランド州フォートデトリックにあるこの組織を新たな感染症に備える中枢組織と位置づけるようになりました。未知のパンデミックの襲来に備え、膨大で雑多な「インフォメーション」の海から、危機の到来を告げる「インテリジェンス」を紡ぎだす組織に脱皮させようとしているのです。

佐藤　翻って、いまのニッポンは、感染症の最前線からあがってくる膨大で雑多な情報、つまりインフォメーションを選り抜いて分析し、政治指導者にあげる情報機関を持っていません。これでは、コロナ情報戦の敗者になってしまう。そもそも、日本はCIAやMI6のような対外情報機関を持っていないのですから。しかし、CIAとは言わないまでも、モサドを小型にしたような組織を作るとしても、人材の養成には半世紀の時間とエネルギーを要します。ですから、前著中公新書ラクレ『公安調査庁――情報コミュニティーの新たな地殻変動』（手嶋龍一×佐藤優、二〇二〇年七月）で、公安調査庁を感染症やバイオテロに備えるインテリジェンス機関に育てるべきだと指摘したんです。

手嶋　日本政府がいつ国境を封鎖し、重症患者の病棟をどれほど確保し、どのワクチンの治験を優先させるのか。国家の舵を定めようにも、信頼に足る情報が、政治リーダーのもとにちっともあがってきませんでした。これでは的確な決断を下せません。

佐藤　「インテリジェンス」とは単なるスパイ情報などじゃない。国家が生き残り、人々の命を守る拠り所です。日本の新政権も、情報機関の抜本的な改革にいますぐ着手すべきです。

中国の「戦狼外交」とは

手嶋　日本のメディアでも「戦狼外交」という言葉を時おり見かけます。これは力を背景としたいまの中国の強権的な外交という意味で使われています。襲いかかってくる敵には、鋭い牙を剝いて必ず打ち負かしてみせる。こうした中国の強硬なイメージが、「戦狼外交」という言葉には色濃く投影されています。香港の民主主義と自由な言論を封殺するいまの中国当局の姿勢は、まさしく「戦狼外交」と呼ぶにぴったりだと思います。

佐藤　しかし、中国の官僚や軍人、それにメディアは、肯定的な意味を込めて使っているようですね。

手嶋　欧米諸国の攻勢に毅然として立ち向かい、国益を断固として守り抜く。そんな肯定的な意味を込めて使っています。

佐藤　中国の内と外とでは、言葉のニュアンスが真逆なんですね。

手嶋　じつは「戦狼外交」は、空前の興行利益をあげたアクション映画から生まれた用語なのです。中国の特殊部隊を逐われてアフリカに移り住んだ主人公が内戦に遭遇する。そして現地の中国人たちを救うため叛乱軍を相手に戦い抜く物語です。国連決議がないため、内戦に介入できない人民解放軍に代わって孤軍奮闘するなど、中国当局の意向が随所に反映されていてじつに興味深い。

佐藤　いまの中国は、建前としては、国連重視ですから。国家としては他国の内戦に介入しないというのは、国家の方針を踏まえていて面白いですね。

手嶋　映画『戦狼』のヒーローになぞらえて、欧米や日本からの批判に猛然と反論する者は「戦狼外交官」と呼ばれて賞賛されています。記者会見の場で舌鋒鋭く西側の主張に反論する外務省の趙立堅副報道局長は、この「戦狼外交官」の代表格でしょう。王毅外相もこの戦狼路線に軸足を移しつつあるように見えます。

佐藤　二〇一二年を境に「習近平の中国」は、経済と軍事の力に見合った自己主張をためらわなくなりました。この「戦狼」シリーズは、そんな国家指導部の意向を受けて制作された国策映画なのでしょうね。

手嶋　この映画を通じて中国の新たなイメージを大衆に植えつけ、そうした潮流に乗って、力の外交が推進されようとしています。しかし、この言葉がひとたび国境を越えてしまうと、たちまちネガティブな意味に反転してしまっています。国家安全維持法を香港に適用し、「一つの中国」を堅持するという北京の主張は、国際社会の良識と大きくかけ離れた猛々しい主張に映っているのはその証左です。幾多の「戦狼」が、香港に、南シナ海に、中印国境にと徘徊するなか、民主主義諸国は態度を硬化させつつあります。

佐藤　米国は民主化運動の弾圧に与する香港の金融機関に制裁を科す構えです。その厳しい対決姿勢はトランプ政権の専有物でなくなりつつあります。英国も5G（次世代の高速通信システム）から中国の通信機器メーカー「ファーウェイ」を排除する方針を決めました。さらに先進国のなかでは最も中国寄りと見られていたドイツも北京離れを加速させつつあります。

手嶋　こうした情勢下で、世界第三の経済大国にして中国の隣国、ニッポンは、「戦狼外交」にいかなる姿勢で臨もうとしているのか。自由な言論と法の支配を渇望する香港の人々は、言の葉の支持ではなく、実効ある支援を待ち望んでいます。強権下の香港の人々の政治亡命を日本が受け入れ、「戦狼」の手から彼らを守り抜く意思があるのか。戦後の日本が掲げてきた民主主義の理念が、真に鍛え抜かれた鋼の強さを持っているのかが、いま試されています。

対中強硬姿勢を競った米大統領選

手嶋　国際社会の眼がコロナ禍に注がれている隙に、東アジアの戦略風景は様変わりしつつあります。習近平率いる中国は、国家安全維持法を適用して、中国本土から自由世界に開かれていた香港という「窓」をぴしゃりと閉じてしまった。

佐藤　中国当局は、この法律をテコに「国家の分裂」「中央政府の転覆」「テロ活動」に加えて、「外国勢力と結託して国家の安全を脅かす行為」まで取り締まろうとしています。これでは、香港籍以外の外国人も、反中国の運動を海外で支援したとみなされて、摘発される可能性があります。

手嶋　これでは、誰も香港に赴任したり、香港と関わったりしたくないと考えてしまうでしょう。いまや香港の「一国二制度」は瀕死の淵にあり、世界に不安をもたらす源になりつつある。アメリカ政府は、抗議の意を込めて、関税と渡航の優遇措置を撤廃する意向を示し、上下両院も香港のデモを取り締まる中国当局と取引がある金融機関などを制裁する「香港自治法」を可決しました。

佐藤　しかし、当のトランプ大統領は、どこまで香港の自治を守り抜くつもりか、疑問だとする声が消えませんでしたね。

手嶋　米大統領選の再選に力を貸してくれれば、香港やウイグルの問題では沈黙してもいい――トランプ大統領がこう中国側に持ちかけていたとジョン・ボルトン元補佐官が著書で暴露しています。

佐藤　東アジアの安全保障環境が様変わりしているのは、香港だけじゃありません。南シナ海に眼を転じれば、周辺国が領有を争う南沙、西沙の両諸島に二つの行政区を設け、八〇の島や岩礁に中国名をつけ、防空識別圏まで設けようとしています。東シナ海でも、尖閣周辺の海域に海警局の艦艇が一〇〇日を超えて航行しつつあります。

手嶋　中国とインドの国境地帯でも異変が生じています。標高四〇〇〇メートルを超えるヒマラヤのガルワン渓谷で二〇二〇年六月半ば、中国の人民解放軍が緩衝地帯を越えて侵攻を繰り返しました。前線部隊の背後には中国の精鋭部隊が控えており、偶発的な国境の小競り合いだと見なすわけにはいかない。

佐藤　第二次世界大戦の前哨戦となったノモンハン事件を思い出します。一九三九年の五月、当時の満州国とモンゴルの国境地帯で戦闘が起きます。関東軍は常の国境の小競り合いだと軽視したのですが、背後には赤軍の精鋭が展開しており、関東軍の前線の部隊は、新鋭の戦車群に遭遇して夥しい犠牲者を出したのです。

手嶋　今回の中印国境の武力衝突でも、戦略的攻勢を取っていたのは、明らかに中国の人民解放軍の精鋭部隊でした。両軍はとりあえず停戦に応じ、実効支配線を尊重すると合意しましたが、今後も楽観を許さない情勢です。

佐藤　これも、後で詳しく検証しますが、中国はこうした従来の安全保障分野に留まらず、サイバー空間、電磁波、さらには宇宙空間でも、攻勢に出ています。

手嶋　アメリカに先駆けて量子暗号衛星を打ち上げ、極秘裡の通信を可能にしたのが、象徴的な例です。非戦の思想家「墨子」の名を冠して、最新鋭の通信衛星を実用化しました。その通信内容は決して盗まれない優れもので、かつて米国が人工衛星の打ち上げでソ連に先を越された衝撃を想起して、「二十一世紀のスプートニク・ショック」と呼ばれています。

佐藤　安全保障分野での中国のプレゼンスの高まりは、裏を返せば、超大国アメリカの抑止力に大きな綻びが生じていることを意味します。いまの米中関係を考えるうえで、太平洋戦争に至る日米関係は、歴史の教訓に満ちています。一九三七年に日中戦争が勃発すると、国際連盟は対日非難決議を採択しました。翌三八年には国際連盟の理事会は日本に経済制裁を科すことが可能だという見解を示します。当時のアメリカは、国際連盟に加盟していなかったのですが、ルーズベルト大統領は対日経済封鎖の模索を始めます。三九年には米政府は日米通商航海条約の破棄を通告し、翌四〇年には、屑鉄や航空燃料の対日輸出の制限を実施します。そして四一年に日本軍が資源を求めてフランス領インドシナに進駐すると、米政府はアメリカにある日本の資産を凍結し、石油の対日輸出を全面的に禁止する措置を打ち出しました。

手嶋　当時のルーズベルト政権は、日本に強硬な態度に出れば、日本が折れてくると考えていた節があります。当時の日本にとって、命綱ともいうべき石油のじつに八〇%はアメリカからの輸入に頼っていたのですから。

佐藤　そう、アメリカは、石油の禁輸措置に踏み切れば、日本は息の根を断たれたも同然で、アメリカに対して譲歩すると思ったのかもしれません。しかし、当時の東条内閣と陸海軍は、事ここに至っては「清水の舞台から飛び降りる気持ちで」と、対米開戦に追い詰められていったのです。

手嶋　さて、戦争に至った日米の歴史から、いまの米中関係をどう見るべきでしょうか。

佐藤　すでに領事館閉鎖という外交戦争に入り、IT関連の中国製機器やアプリの締め出しが実行に移されつつあります。そしてトランプ政権の高官による宣戦布告を思わせるような一連の強硬な演説。いまの習近平政権に対する強い危機感があらわれています。米中の対立はさらにエスカレートすると見ていいでしょう。米中両軍が南シナ海あたりで示威行動をとり、偶発的な武力衝突が起きて両軍に数十人くらいの死者が出る事態は十分に考えられます。米中の武力衝突が、アメリカ大統領選の前に起きる「オクトーバー・サプライズ」の危険は、常にあったのですから。アメリカの諺《ことわざ》にある「川を渡っているときに馬を替えるな」に倣って、トランプ大統領が再選に向けて、起死回生の手を打ってくる節も窺えました。きわどいところでした。

手嶋　コロナ禍と中国の攻勢――こうした情勢下で戦われた二〇二〇年のアメリカ大統

領選挙は、ひとことで言い表せば、対中強硬姿勢を競う闘いだったと思います。

佐藤　習近平の中国に、共和、民主どちらの陣営が、よりタフなのか。しかし、その点では、トランプ大統領も、バイデン氏も、正直にいって五十歩、百歩ですね。

トランプ大統領は、習近平のコロナ封じ込めを初めは賞賛していました。一方のバイデン氏も、脛《すね》に傷を持っています。二〇〇一年に、ブッシュ四三代大統領が「台湾が攻撃されたら防衛する」と発言した際、上院の外交委員会の重鎮だったバイデン氏はこれを批判したことがありましたね。

手嶋　共和党のトランプ陣営は、そんなバイデン氏の弱腰を批判し、中国と関係が深いことをアピールするため、「北京バイデン」というテレビコマーシャルまで制作しています。

佐藤　しかし、先にも紹介したように、中国が新型コロナウイルスの情報を隠し、ヒューストンの総領事館で、コロナ・ワクチンの情報を入手するスパイ活動に手を染めていたことが明らかになるにつれて、アメリカの有権者の間では、共和、民主のどちらを支持しているかという違いを超えて、反中感情が燃え盛っていきました。

手嶋　まさしくそうした国民感情を背景に「どちらが中国にタフか」を競う選挙戦の様相を濃くしていきました。この結果、間もなく発足する見通しとなったバイデン民主党政権は、対中政策だけでなく、閣僚人事も含めて、北京に対して強硬なものにならざるを得ないでしょう。

佐藤　そう考えると、習近平政権は、表面上はトランプ政権と厳しく対峙しているように見えつつ、水面下では、小麦やトウモロコシ、さらにはボーイングの旅客機の買い増しを持ちかけ、取り込みが可能でしたから、「安倍・トランプ」のカードを喪《うしな》ったことは痛手でしたね。

手嶋　そう思います。主要国のなかでは、中国が「安倍・トランプ」というゴールデン・コンビが消えてしまったことに最も落胆していると思います。交渉の達人を自認するトランプ氏とは、実利でディールが可能でしたが、民主党政権ではそう簡単にいかないでしょう。バイデン民主党政権では、人権を含めて民主主義の理念をないがしろにするわけにはいきませんから。

佐藤　二〇一六年の選挙戦では、「ラストベルト地帯」と呼ばれる旧弊なものづくりの州が軒並み、トランプ陣営の手に落ちて、これがトランプ勝利の決め手になりました。今度の選挙では、バイデン民主党陣営が、ウィスコンシン、ミシガン、ペンシルベニアという「ラストベルト地帯」の三州を奪還しましたね。白人の労働者票を奪い返したわけですが、彼らの手前、中国との通商交渉でもタフにならざるを得ませんね。

手嶋　まさしくそうです。これらラストベルト地帯の白人労働者は、中国のものづくり産業に雇用を奪われたと思っていますから、中国に妥協的な姿勢を示せば、たちまち次の選挙で叛乱を起こすでしょう。

佐藤　さらに民主主義の理念のうえでも、民主党政権は、中国に安易な妥協は許されませんね。

手嶋　ドナルド・トランプという名の異形の大統領は、自由の旗を高く掲げるアメリカという国の理念を信じていなかった。これが致命傷だったと私は考えます。よく、共和党保守派のロナルド・レーガン大統領と同じように見る向きがありますが、ふたりは対極にあります。レーガンという人ほど、アメリカの民主主義に心から共感していた政治指導者を私は他に知りません。

佐藤　ブッシュ（父）大統領も湾岸戦争で独裁者サダム・フセインの軍隊に国家の主権を蹂躙されたクウェートを救うために、アメリカの若者の血を流すこともためらわなかった。ディールの達人、トランプという人には、強権下で自由な政治制度と言論を守り抜こうとする香港の人々への共感を感じとることができませんでしたね。

手嶋　戦後のアメリカは、過剰なほどに「おせっかいな国」でした。しかし、そんなアメリカの存在があったゆえに、戦後の国際秩序は安定してきました。

佐藤　ところが、いまや、巨大な「力」の空白が生まれつつあります。かつて、民主党の大統領候補選びで、現職のアル・ゴア副大統領に挑んだビル・ブラッドレー前上院議員はつぎのように述べました。「アメリカは豊かさのゆえに偉大なのではない。その豊かさを良きことに振り向けるがゆえに偉大なのだ」と。バイデン・ハリス新政権にも「アメリカは強きがゆえに偉大なのではない。内に秘めたる力を良きことに使うがゆえに偉大なのだ」という言葉を贈りたいと思います。

第三章

「米ソ対立」と「米中対立」、その大いなる落差

「新冷戦」の落とし穴

佐藤　中国の強権体制に厳しい姿勢で立ち向かうのは、共和、民主いずれの党か――。第二章で見てきたように、今回のアメリカ大統領選挙は、対中政策を争点の一つに戦われました。それだけ、米中関係が険しさを増している証左です。

手嶋　日本の安全保障の専門家もメディアも、ゆえなく、現下の情勢を楽観的に見過ぎているように思います。清華大学の国際安全保障・戦略センターのシニア・フェローであるZhou Bo氏は、イギリスの有力紙『フィナンシャル・タイムズ』(二〇二〇年八月二十五日付)に論考を寄せ、「米中両国は、南シナ海で、あたかも夢遊病者のように歩んでいる」と述べ、予期せぬ軍事衝突の危険が迫っていると警告しました。双方共に夢遊病者のように海洋を彷徨《さまよ》っているうちに、偶発的な戦争に巻き込まれる恐れがあると米側に注意を促しています。意を決して相手を攻撃するなら、即座に引くことも可能ですが、偶発的な戦争のほうがよりリスクが高いというのでしょう。その一方で、この論考は「北京はワシントンを奪取する計画は持っていない。北京からすれば、中国に挑発的に近づいているのは、当のアメリカに他ならない」と指摘しています。そして「中国の軍事的強大さこそが、アメリカの再考を促すことになるかもしれない」と述べています。「米中衝突への不安」と「自らの力に対する過剰なまでの自信」がないまぜになり、錯綜したメッセージが込められた興味深い論考です。

佐藤 この論考は、中国当局の意向を踏まえて投稿しているはずですから、中国共産党の見解を反映したものと受け取っていいと思います。

手嶋 現下の米中関係がかなりの危険水域にさしかかるなかで、アメリカの次期政権は間もなく船出しようとしています。米中対立の一方の当事者であるアメリカは、政府当局者も、識者も、メディアも、日本より事態を深刻に受け止めています。ただ、彼らが想い描く中国像は、必ずしも実態を正確に摑んだものとは言えません。

佐藤 その最たるものが、アメリカの識者やメディアが米中の対立を「新冷戦」と表現してきたことでしょう。この概念はじつにミスリーディングです。米ソの両核大国が厳しく対峙した東西冷戦の類推から、現下の米中の対立局面をそう見立てている。しかし、ちょっと待ってください、あなた方の見方はちと楽観的に過ぎやしませんかと言いたいんですよ。

手嶋　佐藤さんとの一連の対論で、われわれは早くからそう指摘してきました。でも、その頃は、例によって少数派でしたが（笑）。彼らが「新冷戦」と呼ぶ現下の情勢を精緻に論じるためにはまず、かつての「冷戦」とは何だったのかを押さえておく必要があります。冷戦の一方の当事者であるロシアの分析にかけては、なんといっても佐藤さんです。このところ京都の大学、大学院で講義を精力的にこなしている「ラスプーチン教授」の出番です。

佐藤　「冷戦」は、第二次世界大戦が終わって間もなく幕があがったと説明されます。じつは、ナチス・ドイツとの戦争を共に戦った米英両国に対するソ連側の不信は、大戦中から早くも兆し始めていました。英米を中心とした連合軍が欧州の戦域に、いつ、どのように第二戦線を設けるかを巡って、スターリンの苛立ちは募っていたからです。

手嶋　スターリンとしては、あのスターリングラード攻防戦をはじめ、夥しい赤軍兵士が東部戦線で血を流して孤軍奮闘し、ナチス・ドイツ軍を押し返してきたのに、なぜ、連合軍は早く西側に新たな戦線を設けようとしないのか。チャーチルとルーズベルトは、戦後世界の勢力地図を見据えて、ソ連の弱体化を図っているのではないか、と暗い疑念を募らせていたのですね。

佐藤　その通りです。戦後世界の統治を話し合うヤルタ会談では、英米とソ連の亀裂は、次第に覆い難くなっていきます。それでも、チャーチル、ルーズベルト、スターリンの三首脳は、問題ごとにそれぞれ手を結んだり、妥協したりして、「ヤルタの合意」を何とかまとめあげます。しかし、ソ連への幻想を捨てきれずにいたルーズベルトが終戦を待たずに逝き、トルーマンが大統領に就任すると、ソ連と米英両国は、外交交渉を通じて対立を緩和したり、解決したりする余地が次第になくなっていきます。後に詳しく検証しますが、双方がそれぞれのイデオロギーに固執する限り、話し合いで妥協するのは難しい。やがて、東西の両陣営は全面的な対峙に至ります。これが「冷戦」と呼ばれる状態なのです。ただ、こうした厳しい対立にもかかわらず、武力衝突は起きていない。ですから「冷たい戦争」なのです。ここで重要なのは、ヨーロッパ方面において、米国を中心とする西側陣営とソ連を中心とする東側陣営の軍事力が均衡していたという事実です。

東西冷戦の幕があがった

手嶋　佐藤さんは獄中で改めてチェコ語に磨きをかけ、チェコのキリスト教神学について研鑽を積んだのでしたね。そのお話を聞いていると、本書では到底紙幅が足りません。これはまた別の機会に譲るとして、戦後まもなくのチェコ情勢こそ、米ソ冷戦の幕開けを決定づけたのですが、そのくだりを若い読者にも分かるように解説してください。

佐藤　スターリン率いる赤軍は、軍事的には東ヨーロッパの大半を押さえたのですが、ハンガリーとチェコスロバキアでは、ソ連の指導部は比較的自由な選挙を行うことを許しました。その結果、ハンガリーと同様にチェコスロバキアでも、共産党の他にもいくつかの政党が議会で議席を得ることができました。その中には反共派の政治家もいました。ところが一九四八年二月にチェコスロバキアで政変が持ちあがります。反共派一二人の政治家が辞表を提出したのです。これは反共勢力の読み違いによって起きた事件でした。共産党の路線に反発する閣僚が辞表を提出すれば、共産党のゴットワルト首相は内閣総辞職に追い込まれると、総選挙になると反共勢力は考えました。すでに共産党首班政権に対する国民の反発が強まっていましたから、総選挙になれば反共政党が勝利する可能性が高いと見られていました。

しかし、ゴットワルト首相は辞表を受理し、共産党と容共系の閣僚で内閣を固めました。ソ連は背後でチェコの共産党組織を操り大衆デモを組織し、チェコスロバキア国軍に共産党に好意的中立の立場をとらせ、無血クーデターに成功します。こうした情勢のなかで、国民から尊敬を集めていたヤン・マサリク外相（建国の父でチェコスロバキア初代大統領のトーマシュ・ガリグ・マサリクの息子）が極めて不可解な転落死を遂げてしまいます。時を同じくしてハンガリーでも非共産主義者への弾圧が激しくなり、力によるクレムリンの東欧支配に乗り出していきます。ここに至って、米ソの冷戦は、もはや誰の眼にも覆い難いものになったのです。

手嶋 しかし、西側陣営は、ギリシャとトルコは、死守しようとしましたが、チェコスロバキアがクレムリンの手に落ちても、武力介入する姿勢は見せませんでした。

佐藤　チェコスロバキアのみならず、ギリシャと国境を接する旧ユーゴスラビアとアルバニアをソ連圏にするという形で西側陣営は縄張りを画定しました。

手嶋　このように、冷戦の主戦場となったヨーロッパでは、少なくとも「熱戦」には至っていない。そのような事態を「冷戦」と呼んだのですから、言い得て妙ですね。ではいよいよ、この「冷戦」の定義に照らして、現下の米中対立を「新冷戦」と呼んでいいものか、検証を進めていきましょう。

佐藤　そう、繰り返しますが、冷戦期の米ソ対立を想起して、いまの米中が「新冷戦」だと断じるのには異議ありと言いたいんですよ。どうせ熱戦にはならないとタカを括っている根拠はどこにあるのかと。

手嶋　古来、力のある者同士の対立は、熱い戦いにしろ、冷たい戦いにしろ、一寸先は闇ですから、いつ全面対決になるか誰にも分からない。かつての東西冷戦も、僥倖に恵まれて、全面核戦争に至らなかった側面は確かにあります。ただ、米ソ両陣営は、脳髄を振り絞って戦争を回避する方策を探り続けてもいたのです。米ソが共に核ミサイルを保有して睨みあうようになった六〇年代以降は、核戦争がひとたび起きれば、この地球は破滅してしまう。そんなことは、誰の眼にも明らかでしたから。そんな外交・安全保障面での努力も功を奏して、戦略正面たるヨーロッパでは、核戦争はもとより大きな武力衝突はついに起きませんでした。

核の恐怖の均衡

佐藤　あの冷戦の日々を、私はモスクワで、手嶋さんはワシントンで過ごしていました。その経験から言えば、核の刃《やいば》を手にして対峙していた米ソ両陣営は、いつ偶発的な戦争に巻き込まれても不思議はなかった。冷戦の首都で暮らした者でなければ、あの薄気味の悪さは実感できないでしょうね。ソ連の義務教育では軍事教練が必修科目でしたが、核戦争に関する項目もありました。私は一九八七年八月にモスクワに赴任しましたが、米国のみならず中国の核攻撃をソ連時代のロシア人は本気で心配していました。

手嶋　若き日のウイリアム・ペリー元国防長官は、キューバ危機の際にも政権の中枢に非常招集され、その後もアメリカの核政策に関わってきた人です。そんな「二十世紀の核の語り部」が、『核のボタン』（朝日新聞出版）という本を最近著し、警報システムの誤作動によって、米ソは核戦争の深淵を幾度も垣間見たと冷戦の日々を振り返っています。背筋も凍るような証言です。

ですから、核戦略を司っていた冷戦の戦略家たちは、互いに核のボタンを押さない仕組みを考えだそうとした。

その末に結晶したのが、一九七二年に米ソが結んだ弾道弾迎撃ミサイル制限条約（ABM条約）であり、一九八七年に米ソで結んだ中距離核戦力全廃条約（INF全廃条約）でした。「核の相互抑止体制」を成り立たせていた条約上の建付けと表現してもいいかもしれません。ところが、いまや中国との間には言うに及ばず、アメリカとロシアの間にすら、この二つの条約はありません。詳細は後述しますが、ABM条約は二〇〇二年にジョージ・W・ブッシュ大統領が、INF全廃条約は二〇一九年にトランプ大統領が、それぞれ破棄を決定し失効しています。「核のネーヴァル・ホリデー」は、終わってしまったのです。

佐藤　「ネーヴァル・ホリデー」、これも若い読者には解説があったほうがいいですね。戦間期には、海軍大国の間で、ワシントン、ロンドンの二大海軍軍縮条約が結ばれ、国力を疲弊させる無制限の建艦競争に歯止めをかけたのですが、やがてこれらの取り決めは廃棄されてしまった。そして、英、米、日といった海軍国は、ふたたび建艦競争に突入していきます。文字通り、大洋を挟んだ休日は終わりを告げてしまったのです。

手嶋　そう、軍縮条約からの離脱こそが第二次世界大戦に至る前奏曲となりました。山本五十六提督は、海軍内の条約派の系譜に連なるひとりで、予備交渉の全権としてロンドンに赴いています。この人が後に真珠湾への奇襲を立案・実行したのですから、歴史の皮肉と言わざるを得ませんね。さて、核戦争を避けるために編み出されたＡＢＭ条約とＩＮＦ全廃条約とはいかなるものだったのか、これまた「ラスプーチン教授」の講義をお願いします。

歯止めなき核の時代

佐藤　一九八〇年代の後半に、私が暮していたモスクワと手嶋さんが勤務していたワシントンの近郊には、それぞれ二基の迎撃ミサイルが配備されていました。両国の実力からいえば、何百基も配備可能だったのですが、たった二基。これがみそでした。

手嶋　つまり米ソ両核大国は、冷戦期を通じて、相手の長距離ミサイルを迎撃するＡＢＭつまり迎撃ミサイルのシステムを、たった二基の例外を除いて、配備しないと条約で合意していたのですね。

佐藤　そうです。米国側が当時のレニングラードに向け、長距離核ミサイルを先制攻撃の第一撃として発射したと考えてみましょう。ソ連側は、この第一撃を有効に迎撃する手段がありませんから、報復として何千発という核ミサイルをアメリカの大都市に向けて一斉に発射する事態になります。

手嶋　当然、米側も同じように応戦し、その果てに地球は破滅してしまう。

佐藤 いくら極端な発想をする政治指導者や軍人でも、核の第一撃のボタンを押して、そんな恐ろしい結末を招こうと望む者などいるはずはありません。

手嶋 そう、核のボタンを押せば、必ず核の大量報復を受ける。米ソ両核大国は、それぞれの国民を核の標的として人質に差し出し、互いに先制攻撃の誘惑に駆られないようにする。これが「核の抑止戦略」といわれるものですね。

佐藤 このような恐怖の均衡を固定しておくため、双方の手足を敢えて縛っておく。これこそがABM条約の狙いだった。核の第一撃を放ってしまえば、相手が必ず大量の核ミサイルで報復してくる。相手の核ミサイルを打ち落とす手段がないのですから。これでは核戦争に踏み切るまいと。ひとたび核戦争を始めてしまえば、確実に双方が滅んでしまう。これが核の時代の「相互確証破壊」といわれるものですね。ABMの配備を禁じたのは、こうした「恐怖の均衡」を担保する究極の知恵だったとも言えますね。

手嶋 果たしてABM条約がほんとうに核戦争を抑止したのか。「恐怖の均衡」という現状を後付けした説明に過ぎないという指摘もあり、いまも議論は尽きません。しかし、こうした仕組みがどこまで功を奏したのかはひとまず置くとしても、幸いにも冷戦期には核戦争は起きませんでした。さて、もう一つのＩＮＦ全廃条約についても見ていきましょう。

佐藤　東西冷戦が再び険しくなりつつあった七〇年代末から八〇年代初めにかけて、当時のクレムリン指導部は、東欧に中距離核ミサイル「ＳＳ20」を配備しました。

手嶋　ホワイトハウスもこれに対抗して西欧に「パーシングⅡ型ミサイル」という中距離ミサイルの配備に踏み切りました。こうして東西両陣営の緊張は再び高まり、「第二次冷戦」と呼ばれます。

佐藤　米ソいずれかが長距離核ミサイルを発射すれば、夥しい核の刃が飛び交って、人類はたちまち滅んでしまう。しかし、中距離核ミサイルなら、核戦争は欧州という戦域に限られるかもしれない。限られた戦域では、核ミサイルは「使える兵器」になるかもしれない。こうして、核戦争はより現実的な脅威となって欧州の人々を不安に陥れました。欧州に巻き起こった反核運動もその一つのあらわれでした。西ヨーロッパの反核運動をソ連や東ドイツが秘密工作によって支援しました。ソ連の米欧離間工作はかなりうまくいったと思います。いずれにせよ西ヨーロッパの反核運動が、米ソ軍縮交渉を後押しました。

手嶋　それだけに、当時の米ソ両陣営の指導者は、新たな核戦争の芽を摘んでおく必要に迫られ、中距離核ミサイルを全廃する交渉に入らざるを得ませんでした。レーガン政権は、ＮＡＴＯの同盟諸国と協議して、ソ連製の中距離ミサイル「ＳＳ20」の配備に対抗し、アメリカ製の中距離ミサイル「パーシングⅡ型」を配備して、西ドイツをはじめとする欧州の同盟国の不安に応えようとします。しかし、同時に、ＩＮＦつまり中距離核ミサイルを全廃するための交渉に入ることも決めたのです。これが有名な「ＮＡＴＯの二重決定」といわれるものでした。

佐藤　レーガン大統領とゴルバチョフ書記長が一九八七年の暮れ、ワシントンで首脳会談に臨み、歴史的なＩＮＦ全廃条約に調印します。その前年のアイスランドの首都レイキャビクでのレーガン・ゴルバチョフ会談は決裂し、再び冷戦に逆行かと心配されましたから、この合意はまさしく冷戦終結への重要な第一歩となりました。

手嶋　私は若いワシントン特派員として、この調印の瞬間を取材していました。じつに印象的な光景を覚えています。ゴルバチョフ書記長がブッシュ副大統領をソ連大使館に招いて朝食を共にしたあと、大型車を連ねてレーガン大統領が待つホワイトハウスに向かった時のことでした。市民たちは「ゴルビー」を一目見ようと街角に詰めかけていました。ゴルバチョフ書記長はここで突然専用車を停め、なんと街の人々に話しかけたのです。先導の車列はこれに気づかず先に行っていましたから、慌ててバックを試みたのです。この光景が決裂した前年のレイキャビク会談と二重写しになったのでしょう。『ワシントン・ポスト』は「フィルムの駒が逆回しになったような光景」と書きました。せっかくの合意もまた後戻りするのでは——。冷戦末期の不安をじつによく伝えた洗練された記事でした。こうして、核兵器が出現して以降初めて、中距離に限ってのことでありますが、核ミサイルを全廃する条約が現実のものとなりました。われわれがここまで当時の様子を紹介するのは、思い出話のためではありません。

佐藤　よく分かります。冷戦期にこうした苦労を重ねて積み上げてきた核戦争の歯止めがいま取り払われようとしていることに、手嶋さんが強い危機感を持っていることが伝わってきます。

手嶋　まずABM条約は、冷戦の終焉に立ち会った第四一代ブッシュ大統領の息子、第四三代ブッシュ大統領の時代になくなりました。その時の交渉当事者は、トランプ政権で国家安全保障担当大統領補佐官を務めたジョン・ボルトン氏です。

佐藤　トランプ政権を逐われた後、トランプ大統領について暴露本を書いた、あのお騒がせ男、ジョン・ボルトン氏ですね。彼はネオコンの系譜に繋がる人物でしたね。

手嶋　トランプ大統領は、二〇一八年の中間選挙のさなか、核実験場のあるネバダ州でINF全廃条約から離脱する意向を明らかにします。「ロシアはINF全廃条約で禁止されている五〇〇キロを超える巡航ミサイルの実験に手を染めている」と責任は条約を破ったロシア側にあると非難しました。そして、ボルトン補佐官をモスクワに派遣し、プーチン大統領に離脱の意向を通告させたのです。かくして条約は、失効してしまいました。条約の呪縛を解かれたトランプ政権は、早速、新しい巡航ミサイルの実験を行います。そして中距離ミサイルと巡航ミサイルの配備を進めており、中国も対抗措置をとってくるはずです。

佐藤　かつて中距離核の配備に反対して反核運動に揺れたヨーロッパ諸国ではいま、意外なほど反応が冷ややかです。トランプ大統領には何を言っても無駄だと半ばあきらめているのかもしれませんが、やはり、冷戦期と異なり、欧州は核の主戦場にはなるまいと安心している節も窺えます。いまや、新たな核軍拡の舞台は、東アジアなのですから。中ロ両国も、アメリカに対抗し、中距離核兵器の開発・配備を進めようとしています。その射程から見て、主な標的は日本です。在日米軍基地を抱える日本列島が標的なのです。しかし、日本でもまだまだ危機意識は希薄ですね。

手嶋　われわれが新型コロナウイルスへの対応に眼を奪われている隙に、超大国は核軍拡の扉を再び押し開きつつある。そんな現実は見逃されています。

佐藤　さらに、ＡＢＭ条約やＩＮＦ全廃条約だけでなく、戦略核の削減を話し合う新ＳＴＡＲＴ交渉もまったく進んでいません。米国側は、この交渉に新興の核大国たる中国が参加していないのは意味がないと一貫して主張しています。ロシアは現行条約をそのまま延長すればいいと主張しています。

手嶋　この限りでは、米国側の主張は、その通りなのですが、中国にとっては、少なくともいまは、条約に参加するメリットはなく、「はい、ご一緒します」とは言わないでしょう。しかし、あの冷戦の時代とは違い、核兵器によるせめぎあいの主戦場は、まさしく東アジアですから、日本にとっては他人事《ひとごと》ではまったくありません。

二〇二〇年九月、アメリカ国防総省は、中国の軍事力に関する「年次報告書」を公表し、人民解放軍が米本土を直撃できる大陸間弾道ミサイル（ＩＣＢＭ）などの核戦力を急速に増強していることを明らかにしています。そして中国が保有する核弾頭数は、初めて「二〇〇発前半」だとして、「今後一〇年で少なくとも倍増する」と予測しています。

佐藤　冷戦期には、アメリカの核の傘にひっそりと身を寄せ、冷戦の寒風に直に晒されなかったこともあって、「条約なき核の時代」が、東アジア、とりわけ日本にどれほど大きな影響を及ぼすのか、日本はまだ太平の眠りから覚めてはいませんね。

鉄のカーテンで分断されて

佐藤　こうして現下の厳しい情勢を仔細に検討してみると、「冷戦」と「いま」がどのように違うのか、当時のソ連といまの中国のどこが異なるのか、だんだんと見えてきたと思います。

手嶋　かつての米ソ対立は、核戦争の危機を孕《はら》みながらも、その一方で地球を丸ごと破滅させてはならないという一種の抑制が双方に効いていました。そして、その自制を核を巡る条約に結晶させておく智慧も施されていました。「米ソ対立」と現下の「米中対立」、それを比較して正確に理解するためには、まず、スターリンの鉄の支配下にあった当時のソ連が、どんな政治・社会体制に置かれていたのか、それは実際にその体制下で暮らした経験をもつ佐藤さんに語ってもらうのがいちばんです。

佐藤　私がモスクワに着任したのは、先ほども言ったように一九八七年八月末でした。ゴルバチョフ・ソ連共産党書記長によるペレストロイカ（改革）が本格化していましたが、基本的な枠組みは、ソ連共産党の独裁によるソフト・スターリン主義の時代で、冷戦はなお続いていました。冷たい戦争のこちら側と向こう側。その様子をお話しするために、まずは冷戦が始まった時代に読者といま一度戻ってみましょう。

手嶋　英国の宰相として第二次世界大戦を勝利に導きつつありながら、総選挙で政権の座を逐われた失意のウィンストン・チャーチル卿は、妻クレメンタインを伴ってアメリカとキューバ訪問の旅に出ました。偉大な大統領ルーズベルトの後を受けてホワイトハウスに入ったハリー・トルーマン大統領が、この際、是非ともアメリカにと誘ったからです。大西洋を客船で横断し、ニューヨークの埠頭に着いたのは一九四六年一月十四日のことでした。チャーチル卿は、大統領の故郷ミズーリ州を訪れ、フルトンのウエストミンスター大学で多くの聴衆を前に演説します。「平和の源泉」と題されたチャーチルの有名な演説です。かつての同盟国、ソビエトと険しく対峙しつつあったトルーマン大統領をどれほど勇気づけたことでしょう。チャーチル卿を招いたかいはあったというものです。

佐藤　その時、初めて「鉄のカーテン」という言葉が使われたのですね。

手嶋　ええ、この言葉は、米ソの冷たい戦争の幕が本格的にあがりつつあったことを告げる狼煙となりました。

「バルト海のシュテッティンからアドリア海のトリエステまで、大陸を縦断する鉄のカーテンがいまや降ろされた」

ワルシャワ、ベルリン、プラハ、ウィーン、ブダペスト、ベオグラード、ブカレスト、ソフィアといった名高い欧州の諸都市が軒並みソ連の勢力圏に組み込まれようとしていると警告したのです。

佐藤　その時、ソ連の勢力圏に接するギリシャが、かろうじて鉄のカーテンのこちら側にあって、米英仏の監視のもと選挙を行う自由を保っていました。チャーチル卿は、いま眼の前にある危機を、アメリカ市民に、そして世界に向けて訴えた。事実を踏まえて、練りに練った自分の言葉で訴えることの大切さが伝わってきます。

手嶋　あの冷戦とは何だったのか。コロナ禍が吹き荒れて自宅に閉じこもっている機会に、永井陽之助著『冷戦の起源』（中央公論社刊）を久々に手に取って考えてみました。「対ソ封じ込め」に関するジョージ・ケナンの考察には、疫学的な思考が色濃く反映されていた――たしかそう書かれていたことを思い出し、再読してみたのです。冷戦が幕を開けようとしていたまさにその時、在モスクワ米国大使館のジョージ・ケナン参事官は、後に「ロング・テレグラム」として語り継がれることになる公電をワシントンに向けて打電しました。この公電をもとにケナンは一九四七年に『フォーリン・アフェアーズ』誌にXの著者名で「ソ連行動の源泉」と題する論文を執筆します。

ケナンがこのX論文で主張した「対ソ封じ込め政策」とは次のようなものでした。ソ連という国は「ロシア的ナショナリズム」と「共産主義」を心理的な源としながら、あらゆる手段を尽くして勢力の拡大を試みている。しかし、同時に力の論理には極めて敏感であるため、アメリカはソ連の周辺地域に経済・軍事援助を与えながら、ソ連の勢力膨張を長期にわたり、堅忍不抜の意志をもって封じ込め、ソ連の内部崩壊を待つべきだとする政策です。

新型コロナウイスの猖獗《しょうけつ》を身近に感じつつ読み進んだのですが、当然のことながら、同じ一冊の本も異なる環境で読んでみると、随分と異なる風景が見えてきました。

佐藤　私にとっても、若い外交官としてロシア語を学び、米国務省でロシア問題の専門家になったケナンは、常に気になる存在でありつづけてきました。外交官として対ロ外交に携わった時期も比較的短く、やがて石もて追われるように国務省を去って作家になった人だけに、身につまされます。

手嶋　官僚機構にあって傑出していることは、ある意味で随分と危険なことなのですね。そもそも、外交官の優れた洞察が、現実の政治に影響を与えるケースは確かにありえます。だた、それは、ジョージ・ケナンが『回顧録』でも述懐しているように、政治の側で献策を受け入れる素地がすでに出来上がっている場合に限ります。

佐藤 私の経験からいっても、政治家は自分が聞きたい話だけを聞くものなのです。これは洋の東西を問いません。

「ロング・テレグラム」

手嶋 在モスクワから、この「ロング・テレグラム」が打電され、ワシントンの要路にケナンの想像を遥かに超えるような反響を巻き起こします。一九四六年二月のことでしたから、チャーチル卿の「鉄のカーテン」演説のちょうど前の月です。この長文電報には、典型的な「疫学メタファー」が使われ、共産主義の浸透、拡大、その予防をアメリカの当局者に説いていると永井陽之助は指摘しています。この公電がなぜかくも大きな反響を呼び起こしたのか。その背景を鋭く抉《えぐ》ってみせています。

「ケナンはまず、神学体系のアナロジーを使って、ソ連の指導部の公式宣伝機関が公に表明している《顕教》と、クレムリンの対外行動を深く規定している《密教》との明確な区別から議論を始めている」

さあ、クレムリンの意図を読み解く「クレムリノロジスト」だった佐藤さんに解説をお願いしましょう。「神学体系のアナロジー」とは何なのか、永井陽之助の分析を読み解いてもらいましょう。

佐藤　永井陽之助が、仏教学のアナロジーを用いて「顕教」と呼んだのは、ソ連指導部が共産党の公式の宣伝機関を通じて世界に発信しているいわば建前です。ソ連とその友邦は、邪悪な資本主義諸国に取り囲まれているが、彼らとの平和共存などありえない。資本主義の内部矛盾はやがて顕在化し、戦争は避けられない。決して準備を怠ってはならない、と表向きは訴えていました。

手嶋　この点について、ケナンは公電のなかで「ロシアの国境外の情勢についての、いかなる客観的分析にもとづくものではない」と喝破し、こうした顕教は、じつはロシア国内の伝統と歴史に深く根差した「国内的不安感」からきていると指摘しています。

佐藤　つまり、クレムリンの奥深くには、帝政ロシア時代同様に陰謀と表からは見えない権力があるというわけですね。これが密教にあたるわけです。分かりやすくいえば、クレムリンの建前と本音と言ってもいいでしょう。ケナンの公電は、ソ連の対外的な宣伝や行動に惑わされて、対症療法的に行動するのではなく、ソビエト体制の奥深くから浸透してくる「病原菌」に対して堅固な防疫線を敷き、徹底して隔離する必要があると説いたのでした。

手嶋　これがケナンの「対ソ封じ込め」政策の背景をなしていると永井陽之助は考えたのですね。

佐藤　ここでいう顕教が建前だから重要ではない、というわけでは決してありません。クレムリンにとって、顕教、すなわち党の公式の教義は極めて大切なのです。彼らは顕教を広めるために、世界同時革命を目指すコミンテルン（共産主義インターナショナル＝国際共産党）を創設し、各国に支部を設置して、教義の浸透を図っていたのですから。しかし、肝心なのは密教の部分です。ソ連型共産主義は、ロシアの文化的特徴を色濃く反映しているからです。この点を的確に指摘したのは、フランスに亡命したロシアの宗教哲学者ニコライ・ベルジャーエフ（一八七四〜一九四八年）です。彼はロシア共産主義の特徴についてこう述べています。

「ロシアの共産主義が理解しにくいのは、その二面的性格のためである。一方では、それは国際的《インタナショナル》であり、一つの世界的な現象であるが、他方ではそれは民族的であり、ロシア的である。西欧の人々にとっては、ロシア共産主義のこの民族的な根源を理解すること、そのさまざまな制約を決定し、その性格を形づくったものがロシアの歴史であった、という事実を理解することが特にたいせつである。マルクス主義の知識はこの場合に助けにならないであろう。ロシア民族は、その精神的体質からいって、東方民族である。ロシアはキリスト教的東洋であって、しかもこの国は二世紀にわたり西欧の力づよい影響のもとにあり、その教養ある階級はあらゆる西欧的観念を同化していた。歴史におけるロシア民族の運命はまことに不幸であり、苦悩にみちていた。ロシア民族はその文明の型をつくるあいだに中断と変化とをこうむりながら、破局的なテンポで発展して来たのである」（ニコライ・ベルジャーエフ［田中西二郎／新谷敬三郎訳］「ロシア共産主義の歴史と意味」『ベルジャーエフ著作集7』白水社、一九六〇年、一〇頁）

ロシアはキリスト教的な東洋であって、マルクス主義は外皮に過ぎず、ロシア共産主義の本質は、ロシア正教の異端に見られるメシア思想であるというベルジャーエフの主張には説得力があります。しかし、多くの人々は、密教であるメシア思想に気づかずに顕教であるマルクス・レーニン主義を額面通りに受け止めました。

手嶋　若い読者にはなかなか想像できないかもしれませんが、この顕教に心動かされて、モスクワを第二の祖国のように考えていた若者が日本にもたくさんいました。われわれは身近にそういう人々を知っています。純粋にいまの世の中を変えたいと考える人々は、マルクスやレーニンの思想に共鳴しても少しも不思議はありません。

佐藤　いまも歌声喫茶が残っていますね。あの時代に若者だった人たちが、「ボルガの舟歌」を歌い、肩を組んで「インターナショナル」を合唱する様子を見てください。当時の熱気を追体験できるかもしれません。

手嶋　それだけに、スターリン批判があり、ハンガリー動乱が起き、プラハの春が持ちあがると、モスクワの党への幻滅が拡がり、左翼の党がばらばらになっていきました。

米高官の対中演説を読み解く

佐藤 ポンペオ国務長官は、二〇二〇年七月二十三日、ロサンゼルス郊外のリチャード・ニクソン大統領図書館・博物館で対中政策演説を行い、中国を次のように激しく批判しました。

「中国共産党体制は、マルクス・レーニン主義体制であり、習近平総書記は、破綻している全体主義イデオロギーの真の信奉者であることを心に留めなくてはならない」

「共産主義の中国を真に変える唯一の方法は、中国指導者の言葉ではなく、行動に基づいて対応することである。レーガン大統領は、ソ連との関係を『信頼せよ、ただし検証せよ』と述べたが、中国共産党との関係については、『疑った上で、検証すべし』でなければならない」

「米国民や米国のパートナーの中国共産党に対する見方を変えることから始めなければならない。われわれは中国を他の国と同様に扱うことはできない」

さらにポンペオ国務長官は、八月十二日、東ヨーロッパ四ヵ国の歴訪の途上、チェコ上院で演説し、旧ソ連との冷戦を引き合いに、現在の中国を手厳しく批判しました。いまの中国共産党が引き起こしている脅威に対抗する方が、冷戦期よりよほど困難だと訴えたのです。

「中国共産党はマルクス・レーニン主義に基づく党の方針を最優先しており、自由主義社会に被害妄想を抱いている」

そしていまこそEUやNATOとの連携を強め、対中包囲網を形成していこうと呼びかけました。このポンペオ演説のスピーチライターは、かつてのケナンの「対ソ封じ込め」政策を下敷きにしながら、現在の習近平政権を「マルクス・レーニン主義」を拠り所にする強権的な政治体制だと見立てて批判しています。

手嶋　プラハでのポンペオ演説では、中国政府は新型コロナウイルス感染症を隠蔽しようとしたと指摘し「中国共産党は嘘をつき、真実を語る人々を消し去っている」と批判しています。いまのコロナ禍をここまで拡げた主犯こそ情報を隠したマルクス・レーニン主義の中国だと手厳しい。

佐藤　旺盛な経済力を背景とした中国の力による外交、そして対外的な膨張主義は、一見すると冷戦期のソ連を思わせます。ソ連も中国も、共産党による一党独裁体制ですし、外形は確かによく似ている。だから、トランプ政権のスピーチライターたちは、現代中国を「マルクス・レーニン主義の政体」だと決めつけ、これに力で対抗すべしと訴えています。こうした主張は人々の感情に訴えますから、聴衆に「そうか」と思わせるところがあります。ですから、中国理解の素地を欠く欧米のメディアを介して世界中に瞬く間に広がっていきました。

手嶋　一連の中国批判のスピーチは、政権の高官が散発的にやっているのではありません。二〇二〇年大統領選挙を見据えて、さらには、ポスト・トランプを見据えて、周到に計画されたと見るべきです。二〇一八年にマイク・ペンス副大統領が、保守系のシンクタンク「ハドソン研究所」で行った演説を嚆矢として、同じく「ハドソン研究所」のレイFBI長官のスピーチ、オブライエン国家安全保障担当大統領補佐官のフェニックス演説、バー司法長官のフォード大統領博物館での演説、さらには先ほどのポンペオ国務長官のニクソン図書館での対中政策に関する演説と続きました。これら一連の政策演説を貫くトーンはたった一つ。いまの中国をかつてのスターリニズムに見立てて、現代の「マルクス・レーニン主義」だと批判しています。

佐藤　ここでは、在ヒューストン中国総領事館が閉鎖されるちょうど一ヵ月前、二〇二〇年の六月二十四日にオブライエン国家安全保障担当大統領補佐官が、アリゾナ州フェニックスの経済会合で行った「中国共産党のイデオロギーと世界的野望」と題する総括的な対中政策演説を検証してみましょう。オブライエン国家安全保障担当大統領補佐官は、このスピーチでつぎのように述べています。

「ここで明確にしておこう。中国共産党はマルクス・レーニン主義の組織であり、習近平総書記は自らをスターリンの後継者と見なしている」

私はこの見立てに強い違和感を覚えます。スターリンは、コミンテルンを司令塔に諸外国に共産党組織をつくり、マルクス・レーニン主義による世界革命を志向していた。

手嶋　しかし、現在の中国共産党は、党の名称こそ同じですが、世界各地に共産主義革命を起こそうとはさすがに考えてはいません。主要国には、首都に大使館を置くだけでなく、主要都市に総領事館を置き、「アメリカン・センター」や「ゲーテ・インスティチュート」を真似て「孔子学院」を置き、それらを拠点に情報収集活動は行っています。しかし、かつてのコミンテルンのような役割を果たしているわけじゃありません。

佐藤　その通りです。習近平主席が率いる中国共産党は、世界革命を目指しているわけではなく、あくまで中国の国益を極大化しようとしている。これこそは、まさしく帝国主義国家の典型だと見るべきなのです。帝国主義国は、相手国の立場などに考慮を払わず、自国の利益を最大限に主張する。そして、相手国が怯《ひる》み、周りの国際社会が沈黙していると見るや、帝国主義国は力を背景に自国の権益を拡張していく。相手の国が必死になって抵抗し、国際社会も「それはやり過ぎだ」という反応を示すと、帝国主義国は初めて譲歩するのです。

手嶋　その場合も、自らの行為を決して反省したからではなく、これ以上、無茶な横車を押してしまうと、周囲の反発が強くなり、結果として自らの国益が損なわれると考えるからですね。

佐藤　そうなんですよ。あくまで損得勘定に基づいて「一歩後退」するにすぎません。すべてが計算ずくのこと。そして、チャンスが到来したと見るや、自国の権益を最大化する機会を虎視眈々と狙うのです。

手嶋　その意味では、ディールの達人を自認するドナルド・トランプと似ているのかもしれません。交渉相手にブラフをかけて、相手が怯んで譲ればよし。毅然として譲らなければ一歩引いてみる。いまの習近平の中国もまた、政商的な要素を持っているため、本質的に理念型の政治指導者より、ディールに重きを置くトランプ型のリーダーを好むのでしょう。それは、似た者同士だからです。これに対して、創成期のソビエト・ロシアは、マルクス主義の理想を高く掲げ、自らの理想を世界各地にあまねく拡げようとした。この点では、同じような人工国家であるアメリカ合衆国が、丘の上に自由と民主主義の旗を翩翻《へんぽん》と翻して、圧政にあえぐ国々に理想を押し拡げようとしたのと相通じる面があります。

佐藤　いまの中国の強権的な政治体制とその膨張主義が、日本をはじめとする東アジア、そして西側同盟を束ねてきたアメリカにとって、大きな脅威に映っていることは間違いありません。ただ、それはスターリン時代のソ連とは明らかに異なります。

手嶋　それだけに、かつてのソ連といまの中国を二重写しにして脅威を言い立てるだけでは、「二十一世紀の中国」といかに対峙していくべきか、的確な「解」を見つけることはできません。佐藤さんと本書を編んだ理由はこの一点にあると言っていいですね。

佐藤　その通りです。いまの中国が内に秘める脅威の本質、それは、世界革命を思考するマルクス・レーニン主義の思想に起因するものではない。かつての中華帝国の版図を回復し、威信のもとに国家の利益を最大化する。すなわち、絵にかいたような帝国主義の論理に貫かれています。共産主義イデオロギーの幻影に怯《おび》えるいまのアメリカの指導部が、中国の脅威をマルクス・レーニン主義の文脈で捉えたい気持ちは理解できますが、それでは外交上のリアリズムを喪ってしまう危険がある。

手嶋　現実の外交は、イデオロギーに立脚するのではなく、あくまで眼前に起きている現実を冷徹に見ながら進めていかなければなりません。

佐藤　中国の脅威が帝国主義政策に基づくものだという認識を、外交・安全保障を担う当局者が共有しなければなりません。

手嶋　確かにその通りなのですが、いまの国務省はケナンのような逸材を擁しているわけではありません。加えて、中国については、単に中国語ができるだけでなく、戦前のハーバード大学の中国問題の碩学《せきがく》、フェアバンク教授の弟子だったジャーナリスト、セオドア・ホワイトのような人材がたくさんいるわけではありません。ですから、マルクス・レーニン主義という言葉に惑わされてしまうのでしょう。

佐藤　日本の官僚制も多くの問題を抱えていますが、アメリカの官僚機構は、幹部クラスは大半が政治任用ですから、ほんとうの中国専門家は育ちにくいのでしょうね。トランプ政権の外交当局者の思考は、明らかに歪んでいます。それでは、中国の真の脅威に立ち向かうことはできません。一連の演説で披露された見解は、かなり乱暴な議論です。スターリンは、コミンテルンを通じて、諸外国に共産党組織をつくり、マルクス・レーニン主義による世界革命を志向していました。しかし、現在の中国共産党は世界革命など目標にしていません。

手嶋　それでは、習近平が率いるいまの中国がいかなる政治体制下にあるのか、多角的な検証を進めていきましょう。二〇一〇年代に入ると、中国は、鄧小平の時代からの「能ある鷹は爪を隠す」、韜晦の姿勢をかなぐり捨て、持てる経済力に見合った影響力を誇示するようになっていきます。南シナ海では二つの行政区を設け、八〇の島に中国語の名前をつけ、東シナ海では中国の漁船団が尖閣諸島周辺に長期にわたって出没しつつあります。

佐藤　中国当局の意を受けて出漁していると見られる漁船団が、台風を避ける名目で尖閣諸島に上陸しないとも限りません。尖閣は中国固有の領土だと主張しているのですから。自分の領土に避難してどこが悪い。そんな理屈を振りかざして、上陸するシナリオもありえます。そんな自国民を保護するために海警局の船が出動し、日本側が阻止しようとすれば、中国海軍の艦艇が武力で威嚇する事態も十分に考えられます。

手嶋　日本の人々はコロナに眼を奪われています。このさなか最前線に展開している海上保安部や海上自衛隊の諸君から話を聞く機会がありました。中国側が悪天候を理由にするのにしろ、尖閣諸島に上陸して、日本の退去勧告を無視した場合、日本の政治指導者は、果たして毅然とした姿勢を示すことができるか、口にはしませんでしたが、その表情からは不安が伝わってきました。

佐藤　これまた日本では関心が払われていませんが、中印の国境も不穏な情勢が続いています。超大国アメリカが、いまの中国像を誤って捉えれば、自ずと強硬策に迷い込んでしまいます。まさしく「夢遊病者のように」。これでは、本来、世界の指導的な立場にあるはずのアメリカは、ホラー映画に怯える子供のような存在に成り下がってしまいます。「幽霊の正体見たり枯れ尾花」だと気づかせなければなりません。

「法制国家」としての現代中国

手嶋　現代の中国を等身大で理解する。これがどれほど大切か、若い読者の方々にも、分かっていただけたと思います。日本は漢字文化圏のなかを歩んできた国ですから、中国理解にかけては、他の追随を許さないところがあります。戦前も内藤湖南をはじめ中国の学者からも尊敬された中国研究者を数多く輩出してきた国です。戦後の中国研究も、抜きんでた存在だったといっていい。加えて、中国から数多くの研究者を日本は迎え入れています。そうした中国人研究者のひとりにエコノミストの柯隆さんがいます。時々、シンポジウムなどでご一緒して、現代の中国について様々に教えていただきます。経済がご専門なのですが、いまの中国共産党の政治体制について、その深い洞察にはいつも感心させられます。先日も「法治」と「法制」の違いについて解説してくれました。

佐藤 いまの中国は「法治国家」ではなく、「人治国家」だとよく言われます。西側の概念でいう、法によって統治されている「法治国家」でないことは広く知られています。

手嶋 いまの中国は、「rule by law」すなわち「法治国家」なのではなく、「rule of law」つまり「法制国家」だと柯隆さんはいうのです。まさしく中国共産党が、法律をもって人民を統治しており、しかも、共産党こそ、その法律をも凌駕する優越的な立場に立っていると。その結果、「法制」によって、現在の中国共産党の統治システムは、一層強固になっているというわけです。

佐藤 「人治国家」だと切り捨ててしまえば、最高権力者による恣意的な強権体制だと片づけて終わりですが、いまの中国の統治のありようを精緻に説明していますね。

手嶋 いまの中国を改革・開放へ導いたのは、言うまでもなく鄧小平です。彼は「四項目の基本原則」を提唱しました。①社会主義の道を堅持する。②プロレタリアによる独裁を堅持する。③共産党指導体制を堅持する。④マルクス・レーニン主義と毛沢東思想を堅持する。

佐藤　問題は第四項ですね。そもそも「レーニン主義」は、レーニンが唱えたわけではなく、スターリンの造語です。これと「毛沢東思想」が並列で扱われている。

手嶋　鄧小平の推し進めた「改革・開放路線」は、実態的には「マルクス・レーニン主義」と「毛沢東思想」を根源のところで否定するものだと柯隆さんは喝破しています。「鄧はマルクス・レーニン主義と毛沢東思想を堅持すると口では述べているが、本音はそれと決別したはずだ」と指摘しています。

佐藤　じつに鋭い見立てですね。鄧小平が堅持したいと願っていたのは共産党による一党独裁だけだったというわけですね。これで中国の本質が一層明らかになりましたね。アメリカの政策当局者やスピーチライターが「マルクス・レーニン主義」を標的にしても、肝心の中国のリーダーが、本音ではそれと「決別」している。じつに鋭い分析です。

手嶋　スターリンやその後継者は、自分たちの掲げるイデオロギーを少なくとも信じていたのですが、いまの習近平体制はそうではありません。だとすれば、佐藤さんが指摘するように、かれらが信じてもいない建前を標的とするのではなく、その帝国主義的な実態を相手に対中戦略を練り上げなければいけませんね。

宇都宮徳馬の慧眼

手嶋 佐藤さんと『公安調査庁』（中公新書ラクレ）を編んでいた時、占領下の、つまりGHQの検閲が敷かれていた時期の月刊誌『中央公論』（一九五一年三月号）でじつに興味深い記事を見つけました。「日本共産党問題」と題した座談会です。荒畑寒村、宇都宮徳馬、公安調査庁の前身である特別審査局長の瀧内禮作、それに羽崎昂平というユニークな論客の取り合わせです。私は学生時代から宇都宮徳馬代議士の知遇を得ていました。当時の自由民主党にあって「正統なる異端」を自認する政論家でした。宇都宮徳馬という人は、後で詳しく触れますが、若くしてマルクス主義に触れて、後に自由主義者となった人ですが、占領期の日本が、どのように国際共産主義の脅威に直面していたか、それに対抗するにはいかなる思想が拠り所になるのかをじつに精緻に見抜いていたことが分かります。

佐藤 当時は、共産主義革命の前夜といった騒然とした空気のなかに占領期の日本は置かれていましたから、共産主義に対抗するには、宇都宮徳馬氏ほどの慧眼がなければ難しかったことが、この忘れられた座談会がよく伝えていますね。手嶋さんは、宇都宮さんの頼みを受けて、金大中事件でソウルに軟禁されていた金大中氏を密かに自宅に訪ねたことがあると聞きました。

手嶋　余談になってしまいますが、赤城宗徳、宇都宮徳馬、河野洋平といった自民党のAA研「アジア・アフリカ問題研究会」の錚々たる方々から頼まれて、極秘書簡を携えて訪韓したことがあります。金大中さんの主治医だった慶應の医学部長、五島雄一郎教授と共に大韓民国中央情報部（KCIA）の警戒線を突破して、暗殺未遂で腰を悪くしていた氏の自宅を訪ねました。思えば、宇都宮徳馬さんのおかげでずいぶん危険な目にも遭ったりしました。（笑）

佐藤　宇都宮徳馬という人は、いまの保守政界の水準からすると、絶滅危惧種といっていい政治家でしたね。岩波の月刊誌『世界』に毎月のように鋭い論考を寄せていました。私が親しい鈴木宗男さんが秘書として仕えた中川一郎さんの天敵のような存在だった（笑）。議員会館の部屋も近くだったと聞きました。

手嶋 そう、ですから僕は、中川一郎氏の懐刀だった秘書の鈴木宗男さんとは、その頃からお互いによく知っている間柄でした。金大中事件が起きた時には、「自作自演だ」という怪情報、いまでいえば「フェイクニュース」をメディアに巧みに流すなどして、いやあ、じつに有能なプレーヤーでしたね。

佐藤 金大中問題を扱ったテレビのワイドショーに宇都宮徳馬さんと中川一郎さんが出演して、激しい論争になった時、宇都宮さんが「中川さんは韓国から便宜供与を受けている」という趣旨の発言をしたところで、コマーシャルの時間になった。すると秘書の鈴木宗男さんが「こら宇都宮！ 中川先生が韓国から金子を受け取っただと！ フザケルナー！」と怒鳴りあげて、迫っていく。宇都宮さんが逃げ、それを鈴木さんが追いかけ、テレビ局内での前代未聞の「鬼ごっこになった」という話を鈴木さんから聞いたことがあります。

現在は、ロシア、中国、韓国などに対話を通じた柔軟外交を説く代表者である鈴木さんが、若い秘書時代は、そんな武闘派だったというのがじつに興味深いです。イデオロギー的にタカ派の人でも、国会議員になって責任ある地位につき、外交の経験を積むうちに柔軟になってくるということなのだと思います。

宇都宮徳馬さんは、陸軍の三太郎といわれた陸軍大将、宇都宮太郎の息子ですね。

手嶋 ええ、ですから、本人も陸軍幼年学校に入るのですが、当時から反逆児だったのでしょう。真崎甚三郎大将が保証人だったのに、幼年学校を中退して旧制水戸高校から京都帝国大学経済学部に進みます。河上肇に傾倒してマルキストとなって検挙されます。獄中で株式相場の研究に没頭し、その独自の相場観から金鉱株と造船株に眼をつけ、実家の土地、家屋を質に信用取引をやって大金持ちになります。そしてミノファーゲン製薬を興して成功。やがて衆議院選挙に打って出て、石橋湛山内閣の誕生に尽力した人です。その人生遍歴は、面白すぎますが、残念ながらここらで打ち止めとし、『中央公論』の座談会に戻しましょう。

佐藤 この座談会が行われた昭和二十六年の早春といえば、前年に朝鮮戦争が勃発し、秋には中国の義勇軍が参戦して、中朝の精鋭部隊はソウルを再び窺うという緊迫した情勢に東アジアは置かれていました。

手嶋 朝鮮戦争を戦う連合軍にとって日本は最重要の出撃拠点となっていましたので、

当時の治安当局にとっては、日本共産党の動向は最大関心事だったにちがいありません。

佐藤　なにしろ、朝鮮半島全域が社会主義陣営の手に落ちてしまえば、日本共産党が日本の支配者になる可能性があったわけで、共産党の存在はいまではちょっと想像ができないくらい重いものだったのです。

手嶋　そのあたりの機微は、前著『公安調査庁』で紹介しましたが、国際共産主義運動と日本共産党の関係に絞って再び解説してもらいましょう。いまの中国共産党とかつてのソビエト共産党の在り方を比較・分析するうえで欠かせませんから。

佐藤　戦前の日本共産党は、非合法政党でしたが、そもそもは、コミンテルンの日本支部として生まれたのです。戦前の機関紙『赤旗《せっき》』には「日本共産党　国際共産党日本支部」と明記していました。もう明らかでしょう。モスクワの指令に従って、日本でも革命を達成するのがあの人たちの目的だったのです。

手嶋　やがて第二次世界大戦が始まり、英米とソ連は同盟関係に入ります、ナチス・ドイツと戦った「大祖国戦争」では、随分と苦戦を強いられましたから、英米との連携は欠かせなかったのですね。

佐藤　その結果、国際共産主義運動を率いたコミンテルンも、一九四三年にはスターリンの手で解散させられてしまいます。やがて、戦勝国となったソ連は、コミンフォルム（共産党・労働者党情報局）を新たに設立し、国際共産主義運動を再建したのでした。この組織を通じて、世界革命をコーディネートしようと考えたわけです。一九五〇年、このコミンフォルムから「日本共産党の路線は誤っている」と批判を受けます。

手嶋　東西両陣営の冷たい戦争が険しくなっていく様子が、そのまま日本共産党への指導にもくっきりと映し出されていますね。

佐藤　日本共産党は、戦後まもなくは、マッカーサーの占領軍を解放軍として美化していたことは広く知られています。コミンフォルムは「アメリカ帝国主義を美化することなく、革命闘争をすべし」と厳しく命じます。それに対して日本共産党は、そんなことをとやかく言われる筋合いはないという「所感」を出します。これを主導したのが、当時の主流派で、しばしば「所感派」の名で呼ばれます。一方で、コミンフォルムの指示には従ったほうがいいという少数派のいわゆる「国際派」もいて、元議長の宮本顕治らは「国際派」に属していました。しかし、当初はコミンフォルムの指示に反論した所感派ですが、こんどは中国共産党からも批判されたため、やむなく平和路線を捨てて暴力革命路線に方針転換していきます。

手嶋　日本共産党は、五〇年には二四人いた中央委員の全員が、マッカーサー司令部によって追放され、党内では烈しい抗争が繰り広げられていました。こうした二つの潮流について、マルクス主義と共産党の内部事情に詳しい四人の論客が『中央公論』の求めで座談会に臨んだのでした。

佐藤　宇都宮徳馬という人は、戦前は共産党に籍を置いたこともあり、マルクス主義と党の内実と体質をよく知っていたのでしょう。なお、宇都宮さんたちはこの座談会で「所感派」のことを「主流派」と呼んでいます。

手嶋　座談会の当時は、国連軍を名乗るアメリカ軍が、北朝鮮・中国軍と一進一退の攻防を繰り返していたのですから、日本共産党を巡って真剣な議論が戦わされました。瀧内特審局長は「二つの世界の接触点にある日本共産党の今後の動向ということが一段と重大な意味をもつことになって来る」と述べています。

宇都宮徳馬氏は「私は、最近は自由主義、その経済制度である資本主義の上に立って批判するという立場ですから、少し飛躍するかもしれませんが、国際派、主流派といった対立は現在どこの国にもある、国際派、主流派という名のつけ方は別として、現在の共産活動の中には、従来の理想主義的な思想運動の形を持ったものが依然としてある一方、ロシヤの帝国主義というか、そういうものの政治的、軍事的な手先としての国際的な組織、そういうものとの二つがあって、国際派の方が本来の共産主義の持つ理想主義を持っているとわれわれは考える。主流派は、主張はともあれ、まったくソビエト帝国主義の軍事的、政治的な手先の組織になってしまっている。これは最近の国際情勢によってはっきりしているんじゃないですか」と述べています。彼らの表向きの主張だけをみれば、共産党の主流をなしていた「所感派」が、自主独立路線のように受けとっていた向きもあったのですが、さすが本質をズバリと衝いていますね。

佐藤　当時の日本共産党の党内対立が、じつは思想的な装いを凝らしつつも、もっとドロドロした剝き出しの派閥抗争だったことをよく見抜いていたわけです。その後の見通しも正確でした。

手嶋　宇都宮徳馬氏は「思想の問題じゃないので、むしろ組織の問題なんだ。しかしソビエトに対する組織的、思想的な独立性はむしろ国際派の方が持っているという点で、チトー化の道をもしたどるとすれば国際派の連中だと思う」と言っています。当時、日本共産党の少数派だった国際派は、モスクワの意向に従順だという批判を受けていたのですが、じつは国際派の方が、独自路線を歩んでいくことになった。宇都宮さんはそう見立てていた。

佐藤 果たしてその通りになりましたね。その後、日本共産党のヘゲモニーを握ったのは宮本顕治さんたち国際派で、チトー的な自主独立路線を取ることになりました。

手嶋 宇都宮徳馬氏は、自由党の立党宣言の筆を執った人らしく、政党政治よ、蘇れとつぎのように述べています。「もう一つは日本の政党が非常に弱いことですね。ほんとうを言えば共産党との闘いは政党と政党の闘いでなければならない。ところが、政党は選挙だけでやっている。あるいは、政権をとって遊んでいる。そして共産党対策は全部警察にやらせる。これでは政党は育ちませんよ。だから共産党の非合法化に一番熱心なのは民間の反共屋を除けば、警察とか何かの関係の人でしょう。これは予算がとれるし、いばれるし、商売の種だからそれは熱心ですよ。しかし共産党にほんとうに対抗し得るものは、政党なんだ。政党というものは末端まで行っているんだから、そこで意見を闘わせて、共産党員の下の者を社会党にひっぱる、自由党にひっぱる、あるいは民主党にひっぱって来る、そういう闘いが活発に行われていれば別に恐れるに足らない、あとはほんとうに共産党の非合法活動、たとえば鉄砲を隠匿するとか、ロシヤと秘密の連絡を行うとか、あるいは汽車を転覆させるとか、また人を殺すとかいうことだけを取締ればいいんだからそうすべきだと思いますね」

佐藤　いまの政界で思想を語って、これほど本質的な議論ができる人はいるでしょうか。溜息が出ますね。

手嶋　宇都宮徳馬という人は、日中関係に尽力し、中国寄りと見られがちですが、中国の党官僚が日本批判をしたりすると猛然と反論したりして、国士といった風格がありました。モスクワの国際共産主義の陰に潜む自国の利益を優先する姿勢を喝破する一方で、欧米列強の支配から脱しようとする中国のナショナリズムを広い視野から理解していたのでしょう。

アルバニアの独裁者、ホッジャ

手嶋 さて、冷戦の時代に、小国の社会主義国ながら、モスクワと北京と渡り合ったアルバニアを取り上げたいと思います。

佐藤 分かりました。中国の体質を理解するのにアルバニアを取り上げることには意味があります。ヨーロッパ大陸の南東部、バルカン半島の一角に位置し、アドリア海に臨むバルカン半島の小国、アルバニア。戦後は社会主義陣営にあって、特異な位置を占めていました。一九六〇年代に入ると、ソ連との関係が悪化し、中国寄りの姿勢を鮮明にします。このアルバニアが、社会主義の中国をどのように見ていたのか。その特異な、しかし、なかなかに鋭い見立てを紹介してみようと思います。

手嶋 中ソの対立が激しかった、文革期の一九七〇年の夏、僕は北京のホテルに滞在していたのですが、文革のさなかでしたから、欧米の代表団の姿など見られませんでしたが、アルバニアからの代表団は滞在しており、中国側が下にも置かないもてなしをしていました。

佐藤　そのはずです。社会主義陣営の主導権をソ連と争っていた中国にとって、当時は数少ない友邦だったのですから。この社会主義国は、エンベル・ホッジャという独裁者に率いられ、小国ながらその特異な政治路線で無視できない存在でした。

手嶋　そもそも、佐藤さんはなぜアルバニアという国に関心を持ったのですか。

佐藤　ホッジャは、中国の文化大革命では、まだ生ぬるい、イデオロギー文化革命を行うべしと、徹底した国民の思想改造に取りかかりました。そして、すべての宗教を禁止し、宗教施設を閉鎖してしまった。ソ連も、中国や北朝鮮でもできなかった政策をやってのけます。私は、神学部の学生時代から、この世界初ともいうべき「無神論国家」に関心があったのです。アルバニア労働党の党史には「反動思想であり、人民のアヘンである宗教に反対する系統的な闘争をつねにおこなってきた」と述べています。

手嶋　じつは、冷戦期のインテリジェンス戦争という視点からみれば、アルバニアは、極めて重要な戦略拠点でした。アルバニアと国境を接するギリシャは、トルコと並んで冷戦初期の主戦場の一つとなりました。ギリシャには、共産系のパルチザン組織が浸透していましたので、英米両国はギリシャを何としても死守しようとテコ入れを図っていました。ただ、ギリシャを防衛するだけでは十分ではないと考え、隣国のアルバニアに反共の部隊を潜入させてクーデターを仕掛けようとしました。英米の情報機関が資金を提供した右派の武装勢力をアルバニアに上陸させ、ホッジャ政権の転覆を謀ろうとします。バルカン半島の西の根元に位置する貧しい農業国アルバニアは東側陣営の「柔らかい脇腹」だったのです。アメリカのCIAが反カストロ派に武器と資金を与えて試みたキューバ侵攻作戦の先駆けと言える。作戦名は「バリュアブル」。しかし、そのことごとくが失敗します。イギリスの秘密情報部に潜む最高幹部、キム・フィルビーが、密かにその情報をクレムリンに流していたからです。

佐藤 その点では「世紀の二重スパイ」キム・フィルビーが、ホッジャ政権を救ったと言えますね。政治家に運、不運はつきものですが、エンベル・ホッジャは、確かに強運だった。手嶋さんは『汝の名はスパイ、裏切り者、あるいは詐欺師』（マガジンハウス）で、キム・フィルビーの対アルバニア工作について詳しく書いていますね。

手嶋 キム・フィルビーは、東側陣営の盟主、ソ連を標的に情報戦を仕掛けながら、同時にクレムリンに西側の最高機密を送っていたのですから、クレムリンの首脳陣は、西側の情報機関が打つ手の内をそっくり知っていた。これでは、インテリジェンス・ウォーでクレムリンがことごとく優位に立っていたのは当然です。

佐藤 そうなのですが、クレムリンは、キム・フィルビー情報を安易に使ってしまえば、西側の情報機関の中枢に「クレムリンのモグラ」がいることが分かってしまいます。この辺のところが情報戦の難しいところですね。

手嶋 苛烈な情勢のなかを生き抜いたホッジャ率いるアルバニアは、小国ながら社会主義陣営でそれなりの発言力をもつ国になっていったわけですね。

佐藤 中国は、インドネシアで開かれ、第三世界の結集を目指したバンドン会議に周恩来を送り込み、第三世界の側に大きく軸足を移していきます。

手嶋 六〇年代の後半に入ると、中ソ関係はいよいよ緊迫の度を増し、中国の主要な敵はおなじ社会主義陣営で主導権を争うソ連になっていきます。毛沢東が七四年に発表した外交戦略が「三つの世界論」でした。

佐藤 この「三つの世界論」は、後にホッジャ率いるアルバニアが、中国から離反する背景ともなりました。毛沢東が提唱した「三つの世界論」は、世界を三つのカテゴリーに分けています。まず第一は、世界的規模で覇権を握ろうとする二大勢力として「アメリカ帝国主義」と「ソ連社会帝国主義」を挙げながらも、社会主義の看板を掲げるソ連の方がより悪質だと決めつけています。第二は、東西ヨーロッパ諸国と日本であり、国家としての主権を完全に行使できずに、米ソのいずれかに従属していると断じています。第三は、中東、アジア、アフリカなどの諸国で、米ソのいずれかから強い圧迫を受けており、国家主権を十分に行使することができずにいるとしています。そうしたなかで、中国は、この第三のグループに属するリーダーだと規定したのでした。

手嶋　なるほどこうしてみますと、ソ連の覇権に対抗する中国の立場をどのように位置づけようとしていたか、よく分かりますね。

佐藤　アルバニアのホッジャは、かかるプラグマティックな中国の新理論に乗ってしまうと、反ソという共通の目的でアメリカや西欧の資本主義諸国と手を握ることになってしまい、社会主義革命を放棄するリスクがあると考えて、ついに中国と袂《たもと》を分かったのです。そして中国こそ帝国主義勢力なりと指弾したのでした。中国とアルバニアの争点については中東欧政治専門家のフランソワ・フェイトが要領よくまとめているので紹介します。

「(略)一九七六年十一月、第七回アルバニア労働者党大会はひらかれたが、中国党代表団の不在という前例をみない出来事が人びとの目をそばだてた。ホッジャは党大会の席上から、かれの政治的僚友である《四人組》を追放したばかりの中国のあたらしい指導部にむけて挑戦した。つまり、ホッジャは中国のとなえる《三つの世界》理論をきびしい調子で論難したのである。しかしこの理論はもともと毛沢東の発想にでたといわれているし、それは世界の国々を帝国主義の超大国、先進工業国、発展途上国の三グループに分類している。ホッジャはブルジョワ政権との協力関係をレーニン主義にそむいた行動といって非難し、正統マルクス゠レーニン主義の擁護のために熱烈なアピールをおこなった」(フランソワ・フェイト[熊田亨訳]『スターリン以後の東欧』岩波書店、一九七八年、三八六頁)

手嶋 アルバニアのような小国とそれを率いる前衛党が、いかなる大国の覇権にも膝を屈せず、独立を貫いたのですね。

佐藤 そうです。ホッジャは中国の「三つの世界論」が、ソ連という主敵と戦うために、二番目の敵である米国と手を握るというマキャベリズムであることを冷徹に認識していました。邦訳はないのですが、中国に関するホッジャの日記の一部が英訳されています。一九七七年十二月十八日の日記にはこんなことが書かれています。

「中国は外交戦略を変更した。すなわち、アメリカ帝国主義とソ連社会帝国主義に対して戦うという外交戦略から、ソ連に対抗するためにアメリカと同盟するという戦略に変えた」(Enver Hoxha, *Reflections on China II 1973-1977: Extracts from the Political Diary*, Tirana, 1979, p.740)

いずれにせよホッジャは、国民を飢えさせなかった。その限りでは立派な政治指導者だったといえます。しかし、平等を理想とする社会は、国家権力の暴力とイデオロギーの統制なくしては維持できない。それは二十世紀の社会主義の歴史が物語っています。国民の自由を徹底的に抑圧せざるを得なかった。でも、そういう国に住みたいと思う人はいないでしょう。

重要なのは外交におけるホッジャのリアリズムです。中ソ論争の初期、世界からは、平和共存を主張するソ連に対して、第三次世界大戦は不可避と唱え、戦争によって共産主義を拡大しようとする中国のほうが極左とみられていました。しかしホッジャは、毛沢東や鄧小平のマルクス・レーニン主義はレトリックにすぎず、あの国の本質を帝国主義とみていました。この冷静な視点から学ぶべきことが少なからずあります。

デジタル・レーニン主義

佐藤　イスラエル生まれの歴史学者にして哲学者のユヴァル・ノア・ハラリは、コロナ禍での「何もしないリスク」について触れ、未熟で危険さえ伴う技術の利用を人類は迫られていると言っています。

手嶋　確かに、新型コロナ感染症との戦いが、長期に及び始めているため、ロシア政府は、ワクチンを開発する従来の治験のプロセスを大幅に短縮して、コロナ・ワクチンを認可したのは、その典型例でしょう。

佐藤　ハラリはそうした潮流を早くも見抜いて「世界が大規模な社会実験のモルモット

になる」とメディアのインタビューで指摘しています。同時に、私たちは、全体主義的な監視と市民の権限の強化のいずれを選ぶのかという選択を迫られているとも言っています。けだし至言でしょう。そして、中国などの強権体制を念頭に、新型コロナウイルスの感染を阻止するためにすでにデジタルな監視ツールが使われ始めているとしています。

「新型コロナの感染拡大を阻止するため、すでにこうした新たな監視ツールを活用している。もっとも顕著なのが中国だ。中国当局は市民のスマホを細かく監視、顔認証機能を持つ監視カメラを何億台も配置して情報を収集し、市民には体温や健康状態のチェックとその報告を義務付けることで、新型コロナの感染が疑われる人物を速やかに特定している」

手嶋　こうした監視システムは、早くから日本でも新型コロナウイルスの感染追跡に利用され始めています。

佐藤　ハラリがいみじくも言っているように、私たち人類は、いまのコロナウイルス禍を生き抜くのでしょうが、これまでとは異なる風景の世界に暮らすことになるのでしょう。

手嶋　それをこの歴史哲学者は「監視対象が皮膚の上から皮下に一気に進むきっかけになる」と表現しています。中国政府は、あらゆる階層の人々がすでにあまねく持っているスマホを通じてその暮らしぶりや日常行動を細かく監視しています。

佐藤　デジタル技術の先進国イスラエルからもハイテク機材を取り入れ、顔認証の機能を持つ監視カメラを何億台も街角に設置し、市民の健康状態まで細かくチェックしています。こうしたシステムは、ウイグルやチベット、そして香港の分離独立派の監視にも役立てていることは言うまでもありません。

手嶋　いま欧米のメディアでは、こうした中国当局のデジタル技術を駆使した強権体制を「デジタル・レーニン主義」と言い表しています。もともとは、ドイツの中国専門家であるセバスチャン・ハイルマンが使い始めて拡がったと言われます。要するに、いまの中国治安当局は、従来の監視システムに加えてサイバー・スペースを通じた国民の監視を強めているというわけです。

佐藤　独裁者スターリンは、ＫＧＢという絶大な治安組織を使って国民一人ひとりの暮らしの隅々まで監視の眼を行き届かせるシステムを築きあげました。これはスターリン政治の本質的な特色です。その点ではまさしく「スターリニズム」なのですが、このグルジア出身の独裁者はなかなかに狡猾で、こうした政治システムを含めて「スターリン主義」とは呼ばせず、「レーニン主義」と呼んで巧みに粉をまぶしたのです。

手嶋　「レーニン主義」は、スターリンの造語だったのですね。香港の「一国二制度」を踏み潰した国家安全維持法も、デジタル空間を介した国民の監視も、スターリンの恐怖政治に通じる強権体制そのものです。しかし、「デジタル」を冠して「レーニン主義」と呼ぶことは、いまの中国の政治システムの本質を見誤ってしまう危険がありますね。

佐藤　そう思います。スターリンがレーニンから継承した「レーニン主義」もしくは「マルクス・レーニン主義」の特質は、内に在っては強圧的な権力装置を駆使して人々を監視しながら、外に在ってはコミンテルン、のちのコミンフォルムなどの組織を通じて共産主義の思想を宣伝し、浸透させていくというものでした。

手嶋　一九三〇年代の英国では、ケンブリッジやオックスフォードといった名門大学の学生たちも、マルクス主義の理想に心奪われただけではありません。バーナード・ショーといった知識人もマルクス主義に傾倒していきました。

佐藤 「世紀の二重スパイ」となり、モスクワに亡命するキム・フィルビーもそのひとりでした。彼はお金でKGBのスパイになったわけではありません。本人の供述によれば「私は祖国を裏切ったのではない。マルクス主義を奉じる国に一貫して忠誠を誓ってきた」と言っています。

手嶋 翻って、現在の中国についていえば、習近平思想なるものを日本や欧米に拡げていこうとは、当の習近平氏そのひとですら考えていません。たとえそう希望したとしても、かつて毛沢東思想に共鳴して「魂に触れる革命」などと語録を振りかざす若者はどの国にも見当たりません。

佐藤 マルクス主義の思想としての浸透力は露ほどもありません。従って、サイバー・スペースを通じて国民は監視できても、サイバー・スペースを介して習近平思想を伝播する潜在力は秘めていない。ですから、せいぜいが「デジタル公安システム」にすぎないので、「デジタル・レーニン主義」と呼ぶのは正確ではありませんね。レーニン主義の本質は革命の輸出です。現在の中国は、共産主義革命を輸出することは考えていません。もっと分かりやすく表現すれば、警察（公安）にデジタル専属部隊ができ、全体主義的支配をするといった類いのものなのです。

手嶋　三年ほど前に上海に出かけた時のことです。日本を代表するインターネット企業の社長から「上海ではかならず場末の屋台に行かなければ、いまの中国は分かりませんよ」と忠告されました。いざ出かけてみると、あの国のデジタル決済の浸透ぶりは聞きしに優るものでした。安い店ほど客はみなデジタルで支払いを済ませ、自転車もレンタル、そして各自に点数がついており、高得点のひとは「優良顧客」として様々な特典が与えられています。これでは、あれほどの人口を抱える国でも、個人の行動はサイバー空間に然るべき足掛かりさえあれば容易に捕捉できます。いまではデジタル監視システムなしに治安の維持は考えられません。

佐藤　そう、正確に表現するなら「デジタル・一国社会主義」とでも呼ぶべきでしょう。繰り返しますが、かつてのように、マルクス主義の思想をコミンテルン組織などを介して世界に拡げ、世界同時革命を目指しているわけではない。いまの指導部は、「デジタル・一帯一路」は構想しているかもしれません。これは中国の帝国主義的な拡張戦略ですが、外国を共産主義体制に転換することを意図していません。ファーウェイに代表される中国のＩＴシステムを世界に拡げて支配力を強めたいと願っているかもしれません。ただそれは、いまの中国共産党の思想や共産主義的社会システムを欧米、さらにはアジアやアフリカに浸透させようと考えているわけではありません。そんなことができるとは、中国の指導部も考えてはいないはずです。その点で冷戦期のスターリニズムとは決定的に違うのです。

第四章
米中対決の行方を読む

台湾は「二十一世紀のベルリン」

手嶋　本省人として初の台湾総統となった李登輝氏が、二〇二〇年の夏、ついに逝ってしまいました。米中関係が緊迫の度を高めつつありましたから、祖国台湾の、そして日本や東アジアの今後をさぞかし気にかけつつ、天に召されたにちがいありません。

佐藤　手嶋さんは、かつての台湾海峡危機について、李登輝さんに長時間のインタビューをしていますね。

手嶋　ええ、常の政治家に話を聞くのとは異なり、そのお人柄に直に触れることができた貴重な機会でした。烈風に耐えて、しなやかに、しかし、すっくと立つ竹のような——そんな風格を湛えた人でしたね。一九九六年の台湾海峡危機を振り返り、采配の手の内を詳しく語ってくれました。あれからもう十数年が過ぎたのですね。感慨もまたひとしおです。当時は、総統の座を退き、台北郊外にある大渓鎮の邸で、静かに晴耕雨読の日々を送っておられました。その佇《たたず》まいは、なんとも清々しいものでした。

佐藤　李登輝さんの蔵書には、岩波文庫がすべて収められていたと聞きました。

手嶋　ええ、万巻の書が天井までびっしりと積まれた書斎で話を伺いました。好きな書物に読みふけって、悠然と晩年を過ごすことができたら、どんなに素晴らしいだろうと思いました。政治家にして読書人、そんな人が、あの危機の日々にいかに立ち向かったのかを語るのですから、話の中身もじつに含蓄に富んだものでした。

佐藤　台湾海峡危機は、一九九六年に人民解放軍が、台湾島を包囲するように四発のミサイルを海上に放ったことで幕を開けました。李登輝総統は、中国大陸にも極秘の要員を配して、貴重なヒューミント（人的情報）を得ていたと聞きます。ですから、不意打ちではなかった？

手嶋　ええ、大陸に張り巡らしていた情報網からインテリジェンスを受けとり、人民解放軍の手の内は、ある程度読んでいたようです。それを裏付けるように、台湾の人々がパニックに陥って、株や土地を投げ売りし、台湾経済が打撃を被らないよう、事前に特別な基金を創って、周到な対策を講じたといいます。

佐藤 危機は避けられないかもしれないが、それによって被るダメージは、制御できる。まさしく貴重な教訓ですね。

手嶋 そう思います。インタビューは、早朝から長時間に及んだのですが、迫りくる危機にどう備え、人々をパニックに走らせないよういかに采配を振るったのか、淡々と語って倦むところがありませんでした。機密の書類まで見せてくれました。そう、別れ際にぽつりと漏らした言葉はいまも忘れられない。

佐藤 いまでは李登輝さんの遺言となりましたね。

手嶋 ええ、李登輝さんは「両岸の緊張はひとまず去ったが、海峡にはうねりが再び高まってくる」ときっぱり言い切り、「その時は日本が当事者だよ」と――。

佐藤 台湾海峡危機は、日米同盟が想定する最重要にして最大の有事ですから、日米安保条約を結んでいる日本は、まさしく当事者そのものです。しかし、九六年当時の日本にはまだそうした危機感は希薄でした。我が事のように日本のことを心配してくれた李登輝さんらしい言葉ですね。

手嶋 ええ、祖父が孫の行く末を気にかけるように、日本のこれからを心配してくれていました。中国の習近平国家主席が、「一国二制度のもとで中台の統一を」と呼びかけたのは、二〇一九年の一月初めのことでした。このとき私は、台湾に滞在していましたから、台湾の人々が受けた衝撃の大きさを目の当たりにしました。習近平政権が、香港に国家安全法を適用して「一国二制度」を葬り去る前年のことでした。

佐藤　台湾海峡の波が次第に高まり、そのうねりは太平の眠りをむさぼっている日本列島に及ぶことを、李登輝という人は見通していたのでしょうね。

手嶋　そう思います。東アジア情勢こそ、世界の安全保障にとって最重要の課題となるなか、アメリカの民主党大会が、二〇二〇年八月に開かれ、バイデン・ハリスの両氏を正副の大統領候補に指名しました。日本のメディアは、この大会の模様を「コロナ禍のなかオンラインで演出された大会だ」と、まあ型通りには伝えていました。しかし、台湾海峡を巡る重要な内容は少しも報じようとしませんでした。

佐藤　「共和党保守派の機関紙」と言われる『ワシントン・タイムズ』紙は、東アジアの安全保障にことのほか鋭敏で、きちんと報じていましたよ。

手嶋　台湾海峡問題は、日米の安全保障の盟約を結ぶ日本にとっては、最重要のテーマです。ですから「ちょっと見逃していました」「どうせデスクは関心を示しません」というのでは、到底済まされません。

佐藤　台湾こそ「二十一世紀のベルリン」という危機意識が希薄なのです。

手嶋　毎回、若い読者に向けた道案内を頼んで気が引けるのですが、クレムリンの視点も交えて「ベルリン封鎖」と続く「ベルリン危機」とはなんだったのか、「ラスプーチン解説」をお願いします。

佐藤　第二次世界大戦の後、米・英・仏の三ヵ国は、ソ連と共に、敗戦国ドイツの首都だったベルリンを分割して占領・統治を続けていました。ところが、米・英・仏の三ヵ国が、復興を着々と進めていた西ベルリン地区を標的に、ソ連のスターリン書記長が突如牙を剝きます。西ベルリン地区を封鎖して西側諸国が陸路を通って西ベルリンと往き来することを封じてしまったのです。一九四八年六月のことでした。この封鎖措置によって、冷戦都市西ベルリンは、東側陣営の大海に浮かぶ孤島となってしまった。ベルリンから西ドイツの境界までは二〇〇キロも離れています。こうしたスターリンの兵糧攻めに対抗して、アメリカのトルーマン大統領は、大型の輸送機を次々に飛ばして、二〇

○万の西ベルリン市民に二十四時間体制で物資を補給する大空輸作戦を敢行しました。食料、医薬品、燃料などを大量に送り込み、西ベルリンを死守する覚悟をクレムリンに示しました。翌四九年五月には、さしものスターリンも封鎖を解かざるを得ませんでした。このようにベルリンこそが冷戦の主戦場だった。

一九五八年には、当時のフルシチョフ第一書記が、東ドイツと新たな条約を結ぶ意向を打ち上げます。こうしてベルリンは再び緊張に包まれます。新たに条約が結ばれてしまえば、西ドイツは東ドイツと交渉して、西ベルリンへのアクセス権を確保しなければならなくなります。冷戦の最前線に位置する西ドイツのアデナウアー首相は、依然として東西ドイツの統一の望みを捨てていませんでした。そんな冷戦の闘将、アデナウアーにとって、この新条約の提案は「自分の喉元に突き付けられたドス」と受け止めて、アメリカに断じて容認しないよう求めたのです。これが五八年のベルリン危機です。

手嶋　後にケネディ大統領が西ベルリンを訪れて「私はベルリン市民だ」と演説し人々の共感を呼びました。冷戦に占めるベルリンの重みがよく伝わってきます。いま、中国に対峙する西側同盟の盟主、アメリカは、台湾の安全を守り抜くことができるか。超大国の威信がかかっている。それゆえ、台湾は「二十一世紀のベルリン」なのですね。冷戦期にアメリカが総力を挙げて、大空輸作戦を敢行し、西ベルリンの市民を支えたように、「二十一世紀のベルリン」たる台湾を守り通せるか。それがいま問われているわけですね。

日米は台湾海峡危機にどう備えるか

佐藤 「二十一世紀のベルリン」を理解するための道案内は済ませました。それでは、バイデン・ハリス組が率いる民主党が採択した新しい党綱領を読み解いていきましょう。

手嶋 民主党の新綱領では「われわれは台湾関係法にコミットし、台湾の人々の願いと最善の利益をかなえるべく、台湾海峡の平和的な解決を引き続き支持する」と述べています。このくだりには、一九七二年に起きた米中の劇的な接近と台湾断交、そして一九七九年の米中国交樹立にいたる米・中・台の錯綜した関係がそっくり投影されています。

佐藤 それだけに、補助線を引くことなしに、新綱領の台湾条項を読み解くことはなかなか難しいですね。

手嶋　新綱領には三つのメッセージがそっと盛り込まれています。まず第一に、米政権は防御兵器を台湾に供与して安全を保障する。第二に、台湾海峡問題は平和的に解決すべしとクギを刺し、言外に中国が武力を行使すれば、米国は介入をためらわないと牽制しています。そして、第三は、まさしく、書かれていないゆえに、重要なのです。

佐藤　そう、外交文書では、何が書かれているかだけではなく、何が書かれなかったか、それを精緻に読み取ることが重要な場合があります。

手嶋　その第三は、まさにそうしたケースです。これまで米国の中国がらみの外交文書では、必ずといっていいほど掲げられてきた「一つの中国政策を支持」というフレーズがこの新綱領から落とされています。歴代の米政権がいう「ワン・チャイナ・ポリシー」とは、日中両国が国交を正常化した際に交わした「日中共同声明」に謳われた「一つの中国」とは違って、台湾が中国の一部であることを必ずしも意味していないのです。

佐藤　日本は「ポツダム宣言」を受諾するにあたって、台湾の領有を放棄していますから、アメリカとは立場が異なります。戦後のアメリカは、ずっとフリーハンドでした。

それに、一貫して台湾の国民党政権を承認し、アメリカ議会には強力な台湾支持派、チャイナ・ロビーを抱えていました。

手嶋　ですから、一九七二年の二月、ニクソン大統領が初めて訪中した際に交わした「上海コミュニケ」では、台湾海峡を挟む両岸の中国人は、それぞれに「中国は一つだと言っていることをアメリカは事実として知り置いている」と表現しているにすぎません。つまり、大陸と台湾の中国人は、それぞれに「中国は一つと言っている」、アメリカ政府はそうした現実を客観的に認識しているにすぎない、と表現したのです。キッシンジャーと知的な死闘を繰り広げた周恩来にとっては、『ONE CHINA』という文言を呑ませたことで手を打たなければならなかったのです。

佐藤　コミュニケは、通常、会談の合意事項を文字にするものですが、「上海コミュニケ」は、米中双方の主張を併記する特異なスタイルを取っています。いま手嶋さんが触れている「一つの中国」は、アメリカ側のパートなのです。中国パートには、むろん「台湾は中華人民共和国の密接不可分の一省である」と明記されています。しかし、コミュニケですから、アメリカ政府が、台湾という中国にとっての核心的利益をどう表現するかは最大関心事で、ぎりぎりまで攻防が繰り広げられたのです。

手嶋　ええ、両岸の中国人は、それぞれに中国は一つだと言っていると。このくだりは、中国側の英語の通訳の女性が周恩来とキッシンジャーに助け舟を出して、編み出されたフレーズだと言われています。当時の台湾の国民党政権も、政治的なフィクションではありますが、やがて大陸に反攻して中国を統一する、「一つの中国」を唱えていた。それを掬《すく》いあげたのです。恐ろしいほどの知恵ですね。

佐藤　歴代の米政権は、時と共に少しずつ北京の主張に近づいていくのですが、それでも、日本政府に較べれば、「一つの中国」の解釈では中立的です。にもかかわらず、民主党の新綱領では、草案にあった「一つの中国を支持」というくだりをそっくり削ぎ落としています。これは北京に対する辛口のシグナルと受け取るべきですね。

手嶋　その通りだと思います。今度の米大統領選は、共和、民主どちらが、北京により タフか――、その競い合いの様相を呈していたと先に述べました。二〇〇一年にブッシュ大統領が「台湾が攻撃されたら防衛する」と発言したのに対して、当時上院の外交問題の重鎮だったバイデン氏が嚙みついたことがあります。共和党のトランプ陣営は、この点を捉えて「バイデンは中国に弱腰」と最後まで攻め続けました。

佐藤 民主党の新綱領は、そんな弱点を払拭しようと、台湾の安全保障によりコミットし、香港の民主主義を守り抜く姿勢をアピールしています。

手嶋 翻って日本は、台湾有事にどう臨むのか——。米中の狭間で曖昧な姿勢をとれば、日米同盟はたちまち危機に瀕してしまいます。そして何より、中国を台湾の武力統一に傾かせる危険がある。それを容認しかねないシグナルを北京に送ってしまう恐れがあるのです。

佐藤 米中の対立が深まれば、台湾海峡を挟む両岸の緊張は必然的に高まり、米国は台湾防衛の姿勢を一層鮮明にしていく恐れがあります。日本列島周辺の海域ではいま、うねりが徐々に高まっています。

手嶋 そう心得るべきです。中国の習近平指導部と人民解放軍が、アメリカとの対立に耐えきれず、まさしく夢遊病者のように、台湾海峡に兵を出してしまったと想定してみましょう。アメリカの新政権は、第七艦隊の空母打撃群を横須賀基地から台湾海峡に差し向けるでしょう。

佐藤　さて、この時、日本の新政権は、どう対応するか。日米同盟は、いまや、台湾の有事、ついで朝鮮半島の有事に備えた盟約です。日本政府は、日中の緊密な関係に鑑みて、アメリカの空母打撃群と行動を共にしない――そうした選択はありうるでしょうか。

手嶋　日本はれっきとした独立国ですから、理論的には「今回はお休みします」という選択肢はありえます。しかし、日本にとって唯一の同盟国であるアメリカが、日米安保条約が想定する最重要の有事に出動し、日本が行動を共にしなければ、日米同盟は「サドンデス」、頓死してしまうでしょう。条約の停止など要らない。事実上の死を迎えてしまいます。

佐藤　ならば、日本は、アメリカと行動を共にしたとしましょう。その時は、中国政府は、台湾という内戦に、あろうことか、日本が軍事介入してきたと、対日報復に出ることは明らかです。

手嶋　ええ、尖閣諸島の国有化の時ですら、あれほどの反日デモが吹き荒れたのですから。全中国にある日本の工場の操業は難しくなるでしょう。日本経済に与える影響は甚大です。だからといって、アメリカと行動を共にしなければ、日米同盟が持たない。こと台湾有事に関しては、日本は進むも地獄、退くも地獄なのです。

佐藤　さらにリアリティを感じてもらうために、中国の視点で考えてみましょう。台湾を落とそうとすると、ネックになるのが実は「山」なのです。台湾は山国で、最も高い玉山の標高は、三九五二メートルあります。

手嶋　日本統治時代には、国内で富士山を超える「新しい最高峰」として「新高山」と名づけられました。そう、あの開戦の暗号電報の符牒となった「ニイタカヤマノボレ」のニイタカ山です。

佐藤　その玉山をはじめとして、島のほぼ中央を山脈が縦断しています。台湾海峡側から上陸するだけでは、その「盾」に阻まれて、全土を制圧することは困難です。必然的に、大陸から見て島の裏側にも回り込んで攻める必要が生じるわけですが、そうすると重要な戦略拠点となってくるのが、すぐ目と鼻の先に浮かぶ与那国島なのです。

手嶋　日本領の最西端に位置し、晴れた日には、台湾の山並みが肉眼で見えます。

佐藤　台湾までわずか一一〇キロ、石垣島よりも近いのです。台湾を占拠しようとする人民解放軍にとって、どうしても制圧しておきたい前線基地になるでしょう。私は、もし中国が台湾に侵攻する事態になれば、人民解放軍の揚陸部隊が与那国島に上陸してくる可能性は否定できないと考えています。

手嶋　台湾有事の際には、そうした事態もありうるでしょうね。その場合は、日本はアメリカ第七艦隊に随伴して出撃するだけでなく、日本への直接侵略に自ら反撃せざるを得なくなってしまいます。

佐藤　日本側の作戦当局もそうした認識は持っているのだと思います。二〇一六年三月に、陸上自衛隊が与那国駐屯地を開設し、沿岸監視隊を配備しました。陸上部隊が配備されている島に入ってくるとなれば、さしもの中国側も相当の犠牲を覚悟しなくてはなりませんから。

手嶋　ここで読者の皆さんに種明かしを一つ。この中公新書ラクレで先に『公安調査庁』を編みましたが、これは何を隠そう与那国がきっかけです。公安調査庁は、得体の知れない人たちが土地を買っているという情報をもとに精緻な調査を行い、見事なインテリジェンス報告を取りまとめました。いまの日本にはこうした情報組織こそ必要だと佐藤さんと話し合ったのです。

佐藤　そうでしたね。いまの日本の法律では、ダミー会社を使えば、簡単に戦略上の要衝を買えてしまう。それを規制する法律はありません。こうしたケースでは、一般の官庁では手も足も出ない。ところが公安調査庁は、水面下で進行するこうした事態を調査し、精緻な情報を取りまとめて官邸にあげることができる唯一のインテリジェンス機関なんですよ。

手嶋　いずれにしても、台湾海峡有事は、他人事ではありません。日本の安全保障そのものです。日本への具体的な脅威というとすぐに北朝鮮のミサイルと思われがちですが、米中激突が一段とヒートアップするなか、欧米の戦略専門家の視線はずっとニッポン列島の遥か南西の海域に向けられています。

佐藤　だとすれば、台湾有事が現実にならないよう、日本は、どんなに苦しくても、外交で危機を未然に防がなければいけない。

手嶋　まったくその通りだと思います。戦後、アメリカと安全保障の盟約を結んできた日本は、東アジア情勢、とりわけ台湾海峡問題では、もはや身を局外に置くことなどかなわない。その現実をいまこそ、直視すべきなのですが、永く安逸をむさぼってきたニッポンには自覚がまことに希薄です。李登輝さんが「その時は日本が当事者だよ」と語ったのは、まさしくこのことでした。

アチソンラインの地政学

佐藤　東アジア情勢の地雷原は台湾海峡に在り——。ここまで、手嶋さんと検討してきたことで、よくお分かりいただけたと思います。ここで、視点を台湾海峡から東アジア全域に拡げて、現下の情勢を俯瞰してみましょう。われわれは「中公新書ラクレ」の一連の対論で、「新アチソンライン」ともいうべき新しい防衛線が浮上しつつあると指摘しました。

手嶋　『米中衝突——危機の日米同盟と朝鮮半島』、『日韓激突——「トランプ・ドミノ」が誘発する世界危機』でも、「新アチソンライン」が、いかなるものか、詳しく見てきました。ただ、「アメリカの新しい防衛ラインから韓国がずり落ち始めている」というラスプーチン教授の指摘は、あまりにも鋭角的で、発言の時期も早すぎ、当初は信

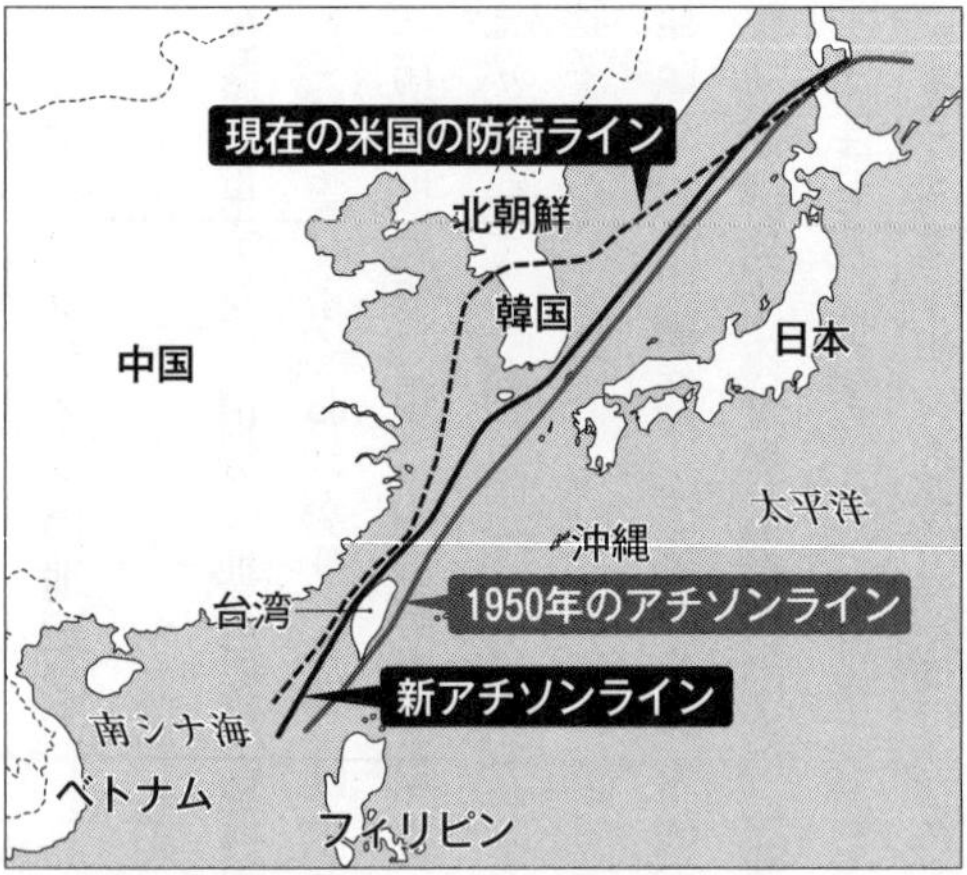

米国のアチソンライン

じる人はごく少数でした（笑）。「預言者は世にいれられず」だとつくづく思います。でも、その後、韓国の文在寅政権が、危険なほどに北朝鮮の金正恩政権に傾斜していったことで、冷戦期の用語でいえば、東西両陣営の境界線が、三十八度線から対馬海峡に移ってしまったことが次第に明らかになりました。加えて、トランプ大統領の同盟軽視の姿勢が、これに拍車をかけることになった。ですから、いまでは、「新アチソンライン」という指摘に意を唱えるひとはあまりいなくなりました。ラスプーチン教授もようやく故郷に迎えられました。（笑）

佐藤　いまさら、おまえの言う通りだった、といわれても嬉しくありませんよ。

手嶋　まあ、気をとりなおして、かつての「アチソンライン」とはなんだったのか、解説をお願いします。

佐藤　「アチソンライン」というのは、一九五〇年一月十二日、アメリカ国務長官だったディーン・アチソンが、ワシントンのナショナル・プレスで行った演説で初めて提起されたものです。アリューシャン列島、日本列島、アメリカの占領下にあった沖縄諸島、さらにはフィリピンの島嶼地帯の外側にかけて、アメリカのトルーマン政権が考えていた対共産圏防衛ラインを言い表したものでした。西側同盟の盟主、アメリカは、東側陣営がこのラインから内側に軍事介入することは断じて許さないというメッセージをそこに込めたのでした。

手嶋　ところが、この「アチソンライン」と名付けられた防衛ラインには、極めて重要な二つの場所が落ちていた。そうですね。

佐藤　そう、朝鮮半島の南半分、李承晩の韓国と国民党政権の支配下にあった台湾が、除かれていたのです。

手嶋　この「アチソンライン」こそ、東アジアの冷戦を熱戦に転化させてしまったと厳しく指弾されることになりました。

佐藤　その通りです。アチソン演説が、朝鮮戦争を誘発したといわれました。北朝鮮を支配していた金日成は、アチソン演説に接して、「アメリカは朝鮮半島には介入しない」というシグナルと受け取ったのです。金日成は、クレムリンの支配者、スターリンを「いまこそ、朝鮮半島を武力で統一する好機だ」と説き伏せます。中華人民共和国を前年の十月に建国したばかりの毛沢東の内諾も取り付けたのでしょう。北朝鮮人民軍の精鋭部隊は、アチソン演説の五ヵ月後、満を持して三十八度線を突破して韓国領に雪崩れ込みました。

手嶋　北朝鮮軍に不意を突かれた韓国軍と在韓アメリカ軍、後に国連決議によって国連軍となった部隊は、瞬く間に釜山近郊まで追い詰められます。東京にいたマッカーサー元帥の決断で、在日アメリカ軍は仁川に上陸作戦を敢行して形勢を盛り返し、北朝鮮に侵攻していきます。これが中国の義勇軍の参戦を招く結果となって一進一退の攻防が繰り広げられました。

佐藤　結局、最後は三十八度線を南北の境界線に定めて休戦協定が結ばれ、今日に至っているのです。この戦いが、東アジアの冷戦地図を塗り固めてしまいました。トルーマン政権は、朝鮮半島の韓国と、蔣介石政権が逃げ込んだ台湾を、新たな防衛ラインに組み込むことになりました。

手嶋　この西側の防衛線は、冷戦が終わった後もなお引き継がれてきました。ところが、佐藤さんが説明してくれたように、朝鮮半島ではいまや、在韓米軍の削減に留まらず、撤退まで取り沙汰されています。安全保障には心理的なファクターも無視できませんので、撤退のうわさが持ち上がっただけでも、影響を免れません。東アジア情勢を観察している安全保障のオブザーバーたちの眼には、朝鮮半島そのものが、アメリカの防衛ラインから除外されつつあると映っているのです。これを佐藤さんは「新アチソンライン」と呼んだわけですね。

佐藤　あの時点では、台湾は依然としてアメリカの防衛ライン内に収まっている、と考えられていました。従って、かつての「アチソンライン」に「新」を付け「新アチソンライン」と呼んだのです。

手嶋　台湾というところがいまや、東アジアの最重要の安全保障上のテーマは、蔡英文率いる台湾が今後ともアメリカの防衛ラインに留まり続けることができるかということなのです。むろん、われわれは、日米同盟が台湾の安全保障を担保すべきだと考えています。その一方で、中国の習近平政権は、「一国二制度」のもとで台湾を統一しようと考えています。その意味で、いまや東アジアを代表する民主主義の旗頭となった台湾を、「新アチソンライン」の内側にがっちりと組み込んでおけるのか。それとも、一九五〇年のように「アチソンライン」の外側に押し出してしまうか。それが問われているのです。

佐藤　トルーマン大統領は、アチソン演説と相前後して、「台湾不干渉声明」を出し、台湾の帰属については関与しないと、アメリカの防衛線の圏外に置きました。そうした事態になってしまえば、ひとたまりもなく台湾は中国に呑み込まれてしまうでしょう。「アチソンライン」が、朝鮮戦争の引き金を引いてしまい、アメリカを中心とする国連軍が参戦するに至って、アメリカは、台湾海峡の防衛に舵を切ることになりました。そして、この方針は、冷戦が終わってもなお、三〇年の永きにわたって引き継がれてきました。

手嶋　第二章でも見たように、共和、民主の違いを超えて、中国に厳しい外交姿勢が行き渡り、「新アチソンライン」は一段と重要な意味を帯び始めています。

佐藤　新政権のもとで「米朝の和解」が進んだり、文在寅政権が北に大きく傾いたりすれば、朝鮮戦争で一度は幻となった「アチソンライン」が蘇る可能性があることは、すでに検証した通りです。そうなれば、日本は背後に中国が控える朝鮮半島と角突き合わせる「西の端」に置かれることになってしまいます。同時に、日米同盟が想定する最重要の有事である台湾海峡にも備えなければなりません。われわれの日本列島を取り巻く安全保障環境がどれほど変わりつつあるのか、読者の皆さんには是非とも読み取ってほしいと思います。

岐路に立つ対ロ戦略

手嶋　「現代史の曲がり角」という言葉があります。いまの東アジア情勢を、佐藤さんと共にこうして検証してみますと、冷戦の幕が降りた後も、われわれが見続けてきた風景がいま、大きく変わりつつあるのが分かります。それは、戦後の日本外交が拠って立ってきた基盤そのものが地崩れを起こしつつある。そんな危機感を覚えます。日本とロシアの関係もまたその例外ではないのです。

佐藤　一種の地殻変動が起きていることは間違いありません。

手嶋　二〇二〇年七月二十一日、安倍晋三前総理は、首相官邸で鈴木宗男参議院議員と会談しています。この会談にロシア側がひどく関心を示していたようなのです。どうやら、この安倍・鈴木会談の背後にラスプーチンの影がちらついているとロシア側は勘ぐっているようなのですが。（笑）

佐藤　私はこの会談にまったく関与していませんが、プーチン政権の一部の対日強硬派が、耳をそばだてているのは事実のようですね。それを裏付けるように、ロシア政府が事実上運営するウェブサイト「スプートニク」は次のように報じています。

〈日本の安倍首相は、新型コロナウイルスの感染収束後にロシアのプーチン大統領と会談することに意欲を示している。共同通信の報道によれば、「日本維新の会」の鈴木宗男参院議員が安倍首相との会談後、これを明らかにした。／一方、日本のナショナリストらは政府の対応は「弱腰」だと批判し、日本が固有のものとみなす領土をめぐって断固とした行動をとるよう政府に求めている。／プーチン大統領と個人的なコンタクトを持つことは安倍首相にとっては長年にわたる最大の願いであり、領土問題解決の自身の戦略の主たる要素でもあった。安倍氏は首相就任以降、露日首脳会談のため一〇回以上ロシアに訪問している。この五月も、モスクワ戦勝パレードが成立していれば（パレードはパンデミックのため六月に延期）、安倍首相も招かれていたため、「差し向かい」のトップレベルの会談が行われていた可能性は高い。しかし、新型コロナウイルスのパンデミックがこれらの計画実現を妨げてしまった〉

手嶋　レトリックは柔軟でも本質において、ロシア側の報道はなかなか興味深いですね。彼ら強硬派は、佐藤優さんもナショナリストグループの一員と見立てて、警戒している節が窺われますね。安倍総理は、日本の右派勢力の輿望を担って登場し、史上最長の政権という記録を打ち立てました。ところが、日本国内の右派勢力は、自分たちの側にいたはずの安倍政権に、こと対ロ外交では険しい眼差しを向けているようですね。

佐藤　まさしくそうした情勢のなかで、「安倍総理、辞任表明」のニュースは、プーチン政権内の一部の対日強硬派にとっても、予想外の出来事だったに違いありません。

「安倍晋三総理、辞任へ」というブレーキング・ニュースは、モスクワでも速報で伝えられて、大きな波紋を呼びました。

手嶋　安倍総理は、辞任表明の記者会見でも、拉致問題と共に北方領土の返還に突破口を見つけられなかったことに無念の思いを滲ませました。拉致と領土、安倍総理が就任以来、最優先に掲げてきた懸案を前に進められなかったことが、政権の推進力を殺《そ》ぎ、総理の健康を蝕《むしば》んだともいえるのではないでしょうか。潰瘍性大腸炎は、心のありようとも密接に関係していると指摘するお医者さんもいます。新政権の対ロ外交は、試練を迎えることになりそうですね。

佐藤　であればこそ、日本の新政権は、一九五六年の「日ソ共同宣言」を基礎として、ロシア側の一部の強硬派に毅然とした姿勢を示す必要があります。戦後の日本外交の原則を揺るがせにしてはなりません。

安倍総理は、二〇一六年の十一月、トランプ氏が大統領選挙で勝利するや、直ちにニューヨークに飛んでトランプ・タワー会談に臨んでいます。会談の核心部分は明らかにされませんでしたが、安倍総理の郷里、山口での安倍・プーチン会談を控えていたこともあり、トランプ次期大統領から日ロ交渉への支援を取り付け、周到な布石を打ったはずです。

手嶋　安倍総理は、トランプ次期大統領から、具体的にどんな協力を取り付けたと見ていますか。

佐藤　日ロ交渉が進展して平和条約交渉がまとまり、歯舞群島と色丹島が日本に引き渡された場合、日本政府は、日米安保条約に基づいて在日アメリカ軍の駐留を認めるのか——。これはプーチン政権にとって最大の懸念でした。それだけに、安倍総理としては、トランプ次期大統領の理解と協力を何としても取り付けて、ロシア側の不安を払拭しておきたかったはずです。しかし、その後も、プーチン政権内の一部の対日強硬派が、引き渡される二島に米軍が駐留するのではないかと疑いを捨てませんでした。安倍総理は、「シンゾー・ドナルド」の外交資産を切り札に使いながら、クレムリンの情報を引き出そうとしたのですが、志半ばで辞任してしまいました。

手嶋　確かに、安倍総理は、じつに二七回もプーチン大統領と会って、領土問題を少しでも動かそうとしました。にもかかわらず、象徴的に言えば、北方領土は日本からどんどん遠ざかっていきました。

佐藤　いえ、私は遠ざかったとは思いません。しかし、最近の日ロ関係が冷ややかなものとなりつつあるのは事実です。日ロの領土交渉は、一九五六年の「日ソ共同宣言」が、変わらない基礎になってきました。日ロ両国は、「日ソ共同宣言」に基づいて、まず平和条約を締結し、ロシアは歯舞群島と色丹島を日本側に引き渡す。ところが、日ロ領土交渉の基調に変化が兆し始めていたと思います。

手嶋　これは聞き捨てにできませんね。詳しく解説してください。

佐藤　ロシアの世界経済国際関係研究所（ＩＭＥＭＯ）のヴィターリー・シュヴィコ氏は、わずか二年前には、両国の妥協が実現するという期待もあったが、そうした希望も領土の分割禁止を定めた憲法改正案が採択される前から、徐々に消えていった、と次のように指摘していました。

「交渉のレトリックが変わった。平和条約の締結に関して言うと、両国間の調印は第二次世界大戦の結果の認識に公式的に終止符を打てたはずのものだった。しかし、露日間は平和条約がないからといえども、外交・経済関係があるため、その関係に大きな変化は起きない。条約調印は歓迎すべきだが、形式的な事実にすぎない」

このコメントは、ロシア政府が事実上運営するウェブサイト「スプートニク」を介して流されました。プーチン政権の一部の人々の意向を映したものと受け取るべきでしょう。

ロシア側はこれまで、平和条約を締結すれば、歯舞群島と色丹島を日本に引き渡す、そして、歴史的経緯と日本の国民感情にも配慮して、国後島と択捉島に関しても、日本を優遇する特別の措置を講じるという立場を示してきました。しかしながら、ここにきてロシア側の交渉のスタンスは明らかに変化し、安倍総理の辞任によって、強硬な姿勢がさらに強まる懸念もでてきました。つまり、現在、日ロの間には、平和条約こそないが、外交・経済分野は安定した状態にあり、なんら問題は起きていないという認識が一部に出始めています。

手嶋　そうしたロシア側の認識と論理は、戦後のドイツに適用された方式と似ているように思います。

佐藤　その通りです。ロシアはドイツ方式を日本にも適用して、第二次世界大戦の戦後処理を考え始めているのではないかと思います。ロシアとドイツには、確かに平和条約は存在しない。だからといって、いまの二国間関係には、なんら障害はないという認識です。日ロ関係も、このドイツ方式でいけばいいというのでしょう。もっとも、ガルージン駐日ロシア大使は、月刊『文藝春秋』二〇二〇年九月号のインタビューで、一九五六年の「日ソ共同宣言」を基礎に平和条約交渉を加速することがロシアの基本的な立場であることを認めるとともに、歯舞群島と色丹島を日本に引き渡す約束が現在も生きていると述べました。このようにロシア側からは、錯綜したシグナルが出ているのです。

手嶋 ロシア側から出ている対日強硬姿勢について、佐藤さんはそれでいいと考えているんですか。

佐藤 とんでもない。ドイツ方式で日本との戦後処理をするのは間違っています。ナチス・ドイツは独ソ不可侵条約を侵犯してソ連を攻撃したのです。ヒトラーはロシア人を含むスラヴを奴隷にするという意図を持っていました。日本はドイツの同盟国でしたが、ナチスのような人種主義イデオロギーは持っていませんでした。さらに一九四五年八月九日、ソ連は当時有効だった日ソ中立条約を破って日本を攻撃しました。クレムリンも、対独戦と対日戦では史的文脈が異なっていることはよく承知しているはずです。

手嶋　ポスト安倍の菅新政権は、こうした厳しい環境のなかで、対ロ外交をいかに進めていくべきだと考えますか。

佐藤　日ソ共同宣言の第九項を基礎に対ロ外交を進め、日本外交の原則をないがしろにしてはなりません。「ソ連は日本国の要望にこたえ、かつ日本国の利益を考慮して、歯舞群島及び色丹島を日本国に引き渡すことに同意する」。これを出発点に、北方領土の返還を粘り強く求めていくべきです。これまでの歴史的経緯を無視し、ロシアが日本との平和条約の締結を避けようとすれば、日本国民の対ロ感情は一挙に悪化すると、菅政権は、クレムリンに明確に伝え、国際法的に筋の通らない安易な譲歩は断じてすべきではありません。

「中ロ対立」の時代再び

佐藤　北東アジアを見渡してみると、中国とロシアは、一九五〇年代の「中ソ蜜月」の再来を思わせるような光景が、少なくとも表面的には拡がっているように思います。

手嶋　かつての中ソ国境地帯は、冷戦期には「国際政治の空白地帯」といわれ、一九六〇年代の後半には、ダマンスキー島（中国名・珍宝島）で、中ソ両軍による武力衝突が起きています。

佐藤　私がモスクワに赴任した一九八六年ですら、中ソ国境地帯への立ち入りはまだ、厳しく制限されていました。この一帯では、一九六九年には、ソ連側が中国への核攻撃を真剣に検討し、中ソ核戦争の一歩手前まで行ったのですから、双方共に緊張をなかなか解こうとしなかったのも頷《うなず》けます。

手嶋　私は西側のジャーナリストとしては初めて、一九八二年にカメラクルーを伴って入りました。中国側の松花江から黒龍江に沿って中ソ国境地帯を踏査したのです。対岸のソ連領には戦車がずらりと配備され、われわれが乗っている中国の警備艇に向けてソ連戦車の砲身がゆっくりと回転してくるのは、やはり不気味なものでした。

佐藤　あの中ソ対立の時代を直に知るわれわれにとっては、いま中ロの国境地帯に現出している風景には驚かされますね。

手嶋　中国側ではいま、このあたりを「三橋一島地帯」と呼んでいます。社会主義陣営を二分して対峙していた中ソ両国を分かっていた大河にいまや巨大な橋が架けられ、自動車や鉄道が行き来するようになっています。そんな大型の橋が三つも完成しています。

佐藤　それが「三橋一島」の三つの大型橋ですね。そして「一島」は何でしょうか。

手嶋　両国を隔てる大河には「大ウスリー島」という巨大な中洲があります。中ロ両政府は、この島を巡って国境紛争を続けてきました。二十一世紀に入って、この中洲を真っ二つに分けて、懸案の紛争に終止符を打ったのです。そしていまは、中ロの国境貿易のシンボルのような存在になっています。

佐藤　中ロ両国の政治指導部は、この一帯を「新しい中ロ蜜月」のシンボルに仕立てようとしているのですね。

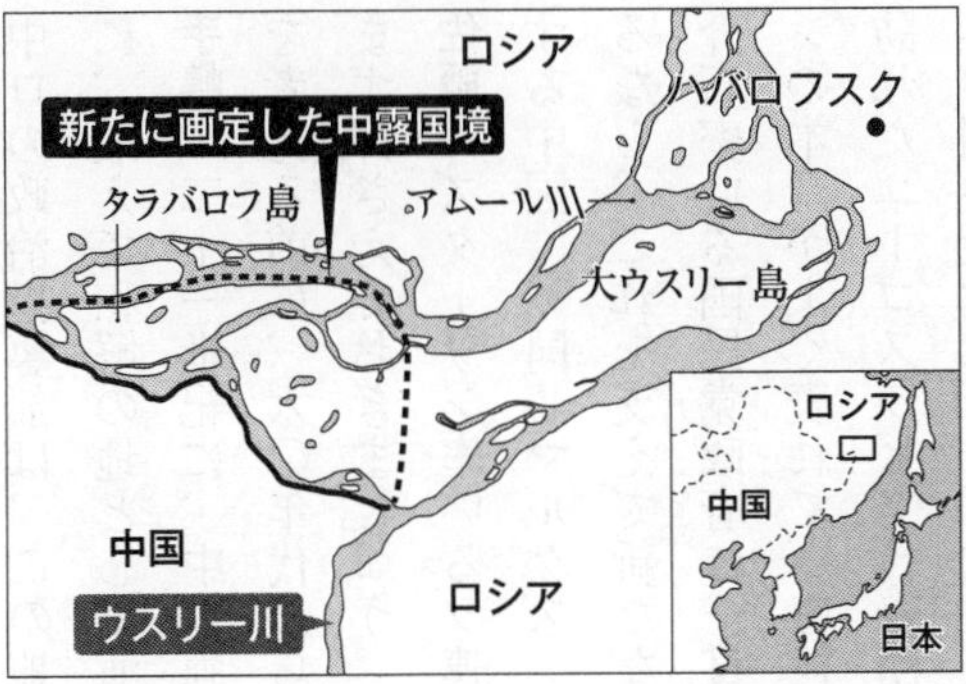

中ロの政治指導部は、この地に対立の芽が埋め込まれていることを互いによく知るだけに、敢えて和解の地として演出してみせているのでしょう。

手嶋　二十一世紀に、中ロ両大国が、この地域でいかなる関係を築きあげるのか。それを考える前に、六〇年代から深刻となった「中ソ対立」とは、どんなものだったのか、まず押さえておきましょう。

佐藤　スターリン率いるソ連としては、世界革命を目標としていました。長い国境を接する中国に、同じマルクス・レーニン主義を奉じる中国共産党という友党が存在しているなら、これを支えて新たな革命の足掛かりとするはずです。ところが、現実には、蔣介石率いる国民党政府に一貫して好意的な姿勢を示していたのです。そうしたスターリンの本音がよく表れている言葉を紹介しておきましょう。一九四八年一月にモスクワを訪れたユーゴスラビア代表団にスターリンはこう漏らします。

「中国共産党は蔣介石政権に参加し、中共軍を解散すべきだと率直にかれらに告げた」

いまさら国共内戦を続けても発展の見込みがないと中国共産党を説得していたというのです。

手嶋　いまからみると驚くほど率直なスターリンの忠告ですね。中国共産党が全土を掌握するわずか一年前、スターリンが中国共産党をどのように見ていたか、よく分かって興味が尽きません。

佐藤　そもそも戦後世界の分割を決めたヤルタ会談に毛沢東は燃えるような反感を持っていました。米国のルーズベルト大統領、英国のチャーチル首相、ソ連のスターリン書記長はヤルタ会談に集まり、戦後世界の勢力地図を書き上げました。このなかで、毛沢東率いる中国共産党は、蔣介石の国民党政府の一員として参加を許されたにすぎません。さらに、満州、新疆、外モンゴルさらには遼東半島の不凍港は、いずれもソ連の勢力圏と見なされたのです。これは民族主義者でもある毛沢東の誇りを傷つけ、到底、容認できるものではなかったはずです。

手嶋　一九四九年の十月、毛沢東は中華人民共和国の建国を高らかに宣言します。そして誕生まもない中国が何とか生きながらえるため、ソ連を友邦として頼り、一九五〇年二月、「中ソ友好同盟相互援助条約」を結び、「向ソ一辺倒」を唱えることになります。しかし、中ソ関係の内実は、佐藤さんが指摘したように、初めから根深い対立の芽を孕んでいました。いつ対立が表面化してもおかしくなかった。毛沢東は建国直後の一九四九年十二月から翌年の三月までモスクワに滞在してソ連側との交渉にあたったのですが、中国国内に残っていたソ連の権益を巡ってじつに激しくやりあいました。そして、表面上は一応の決着を見たかに思えたのですが、もはやスターリンと毛沢東の間には、修復がかなわないほど深い傷ができてしまったのです。

佐藤　アメリカ政府は、こうした中ソの軋轢《あつれき》をかなり正確に摑んでいた節が窺えます。この時期のアメリカのインテリジェンスはかなり精緻だった。先に「アチソン演説」についてふれましたが、いまや忘れ去られた、しかし、見逃すことのできないくだりが含まれていました。アチソン国務長官は、この有名な演説で「中国北部地域をソ連は中国から分離し、それを自国に併合しようとしている事実がある」と暴露し、中ソの離間を図ろうとしていたのでした。

手嶋　一九四九年から五〇年にかけて、北東アジアを舞台に、アメリカ、ソ連、中国が、凄まじいグレート・ゲームを繰り広げていた様がありありと浮かんできます。この時は、アメリカの中ソ離間策は、日の目を見なかったのですが、中ソの対立は六〇年代に入ると早々と兆し始めたのです。そして、七〇年代初めに至って、米中の劇的な接近に結びついていきます。賢明な読者の皆さんは、すでにお気づきのことと思います。われわれは、北東アジアの歴史を単に振り返っているわけではありません。

佐藤　その通りです。海洋強国を呼号する中国が、南シナ海に、東シナ海にと、せり出してきているいま、蜜月時代を演出しているように見える中ロ両国の関係は、水面下ではかなりの緊張を孕みながら推移しています。

手嶋　具体例をいくつか挙げてみましょう。中ロ両国は、国境地帯を挟んで相対していますが、その人口比は、中国の東北三省がじつに一億人以上を擁しているのに対して、ロシア極東部にはわずかに六〇〇人万人余りしか住んでいない。著しく非対称な人口一つとっても、ロシアは中国に脅威を憶えているにちがいありません。

佐藤　それに加えて、この地域は、中ロ対立の根深い「負の歴史」を抱えています。いまの中国の小中学校では、ロシアの沿海州は、もともとは中国の祖父の地だったと教えています。極東最大の港町ウラジオストクを抱える沿海州もいずれ取り戻すべき地だと子供たちに植え付けているのです。事実、一六八九年のネルチンスク条約で定められた清国（中国）とロシアの国境はハバロフスク付近でした。

手嶋　帝政ロシアと清朝の間で締結された「北京条約」によって、中国領だった沿海州は不当にもロシアに奪われてしまった。そんな歴史を恥辱だと受け止め、いつの日か復権を果たす。これが中国の民族の意思なのでしょう。ここにも紛争の種が埋め込まれているのです。

佐藤　中ロ両国が領土紛争の根深い対立の芽を抱えているとすれば、日本とロシアは現在の北方領土問題という棘《とげ》を抜くことができたと考えてみてください。日ロの間には、他にはもはや戦略的な、本質的な対立の芽は見当たりません。ですから、北方領土問題をいち早く解決しておくべきなのだと説いているのです。中国が海洋に、宇宙に、サイバー空間に進出をはじめたここ一〇年、日本を取り巻く戦略環境は劇的に変わってしまいました。われわれは、その変化に対応した新たな戦略、外交を必要としています。

手嶋　じつは一九七〇年代は、中国こそが、日本の北方領土問題の最も熱心な支持者でした。私は道産子なのですが、そうした中国の姿を目のあたりにしたことがあります。私たち北海道からの若者を中心とした訪中団が北京で周恩来総理と長時間にわたって会見したことがありました。私たちが住む北海道こそ中国にとって対ロ戦略の要衝であり、北方領土問題を抱えていたからでしょう。しかし、いまや中国は、北方領土問題でも、ロシアの側に立ち始めているように思います。日本外交にとっては、いかに環境が激変しているか、お分かりいただけるでしょう。

新政権は外交の弱点をカバーできるか

手嶋　語り合ってきたように、アメリカ大統領選挙も一応区切りがつき、米中両国の激突は、いよいよ正念場を迎えることになります。この難局は日本にとって最重要の戦略課題なのですが、われわれはどんな心構えでこれに臨むべきなのか。菅政権は何をなすべきなのかを最後に論じておきたいと思います。

佐藤　菅総理も、政権の発足直後は、外交の分野でも、建前を並べていれば何とか凌ぐことができます。九月十六日の総理就任会見もまさしくそうでした。

「外交及び安全保障の分野については、我が国を取り巻く環境が一層厳しくなる中、機能する日米同盟を基軸とした政策を展開していく考えです。国益を守り抜く、そのために自由で開かれたインド太平洋を戦略的に推進するとともに、中国、ロシアを含む近隣諸国との安定的な関係を築いていきたい」

ただ、他でもない、総理自身が、「日米同盟を基軸にしながら、近隣諸国とも良好な関係を築いていく」という外交的修辞を実現することが、かつてないほど難しくなっている現実をいやというほど眼前に突き付けられているのです。

手嶋 メディアではほんの短信でしか報じられていませんが、菅総理にとって重要なメッセージがアメリカ側から突き付けられました。菅政権の発足直後、菅外交の司令塔である国家安全保障局の北村滋局長をワシントンに送り込みました。トランプ政権の外交・安全保障分野のオールキャスト、すなわちポンペオ国務長官、エスパー国防長官、ビーガン国務副長官、オブライエン国家安全保障担当補佐官と相次いで重要会談が行われました。この会談について詳細な記録が残され、政権の幹部にも配布されました。米側はかなり高くこの協議を評価しています。ひとことで言えば、「菅内閣としては日米の同盟関係をさらに強化していくという外交・安全保障政策に何ら変わりがない」と伝えています。さらに、日米の安全保障同盟を基軸に据えつつ、「自由で開かれたインド太平洋」構想を推進していく決意を伝えたのでした。

佐藤　一見すると菅総理の就任記者会見と似通っているように見えますが、重要な部分が削ぎ落とされています。「中国、ロシアを含む近隣諸国との安定的な関係を築いていきたい」というくだりです。会見ではワンセンテンスにくくられていますが、いまの米政府の外交・安全保障の最高首脳を前にしては、「習近平の中国」に宥和的なコメントなどできようはずがありません。

手嶋　これまでわれわれが検証してきた「官邸機関」、とりわけ、「官邸外交機関」がどれほど重要か、この北村訪米で分かってもらえたと思います。ワシントンには、各国の大使がいますが、これほどの要人と相次いで会談することなどかないません。新総理の意向を携えたいわば総理特使だからこそ、先方からも直に機微に触れる情報を引き出せるのです。今回は「力を前面に押し立ててくる中国に対して、日米は結束してあたる。その覚悟をお持ちでしょうね」というメッセージだったのです。

佐藤　アメリカ側は事前に東京からのインテリジェンス・リポートで「二階幹事長の対

中宥和路線」の情報を受け取っていたはずですから、暗にクギを刺したのでしょう。

手嶋　北村局長に対する米側の評価はかなりのものでしたから、ワシントンとしては日中の「デカップリング」、切り離しについては、念を押すことができたと受け取ったのだと思います。

佐藤　その一方で、「安倍外交機関」は対米だけでなく、対中、そして対ロの人脈も営々として築いてきましたから、「菅外交機関」としては、これらの人脈をどう引き継ぎ、現実の外交に生かしていけるか、その手腕が問われていますね。他方、安倍総理の最側近だった今井尚哉氏は、内閣官房参与となって一歩退きました。代わって、とりわけ内政面では、首相補佐官に再任された和泉洋人氏が全体を取り仕切るでしょう。

手嶋　外交担当の総理補佐官には阿達雅志参院議員が起用されました。前にも述べたように、安倍総理はトランプ・タワーの会談で「シンゾー・ドナルド」の固い絆を結び、その後の安倍外交の礎としました。じつは、あの奇策は、菅官房長官の命を帯びて、阿達氏がアメリカに飛び、共和党の有力者の人脈を頼りに実現したものでした。

佐藤　阿達さんは、アメリカに独自の人脈を持っているわけですね。

手嶋　そうです。二〇一九年五月の菅官房長官とペンス副大統領の会談も、その人脈が功を奏して実現しました。こうした経緯を見れば、菅総理が阿達氏を外交担当に起用したのは、ある意味当然とも言えます。今後は北村局長と並んで「菅外交機関」の一角を占めることになるでしょう。

佐藤　菅総理は、阿達氏を通じた特使外交もすることになるでしょう。ただ、対米政界人脈では、共和党にやや特化していますから、民主党人脈にどうウイングを拡げられるか。じつは「特使」に、とりわけプーチン大統領に対する「特使」にうってつけの人物がいます。安倍前総理がその人です。

手嶋　持病も薬で快復に向かい、「今後は一議員として菅政権を支える」と発言していますね。

佐藤　点滴を打てば、海外旅行も可能だと言われています。そうなると、プーチン大統領や習近平主席などの要人たちと培った「安倍ライン」はそのまま生かせることになります。こうした懐の深い外交体制を整えることができれば、菅外交はぐんと安定感を増すと思います。

あとがき

米大統領選挙では、民主党のバイデン候補（元副大統領）が当選した。バイデン陣営は、政権移行チームの準備を着実に進めている。他方、トランプ大統領は、集計作業で不正があったとして訴訟を起こした。選挙結果が法的に確定するまでに半年くらいかかるかもしれない。

二〇二一年一月に大統領任期が終了した後もトランプ氏がホワイトハウスに居座るという見方をする人もいる。しかし、筆者はそうなる可能性は低いと見ている。トランプ氏が権力の座に居続けることを保障するために大統領警護部隊（シークレットサービス）や大統領の直轄であるコロンビア特別州の州兵が、内戦のリスクを冒して協力するとは考え難いからだ。開票が終了すればその結果に米国の政府機構は従うことになると思う。

バイデン氏が大統領に就任しても米国内政の混乱は収まらない。トランプ氏を支持した人々はバイデン大統領の正統性を認めないであろう。米国は政治的に二つのカテゴリーに分かれる。さらに民主党支持者に関しては、トランプ氏という共通の敵を失った後、団結が難しくなる。なぜなら民主党がアイデンティティーの政治を追求しているからだ。黒人、ヒスパニック、ジェンダー、エスニック・グループなど、自らが帰属する集団のアイデンティティーを最優先する人々が団結するのは至難の業だ。米国の社会的分断はさらに加速するであろう。

外交に関して、米国と中国、北朝鮮との関係は、現在よりも緊張するであろう。民主党は、自由や民主主義、人権といった価値観を軸に外交を展開する。トランプ大統領の場合、価値観よりも、自らの権力基盤を強化するための取り引き（ディール）を重視する。この例が、トランプ氏と北朝鮮の金正恩朝鮮労働党委員長との三度の首脳会談だ。その結果、朝鮮半島での武力衝突を回避することはできたが、北朝鮮の核保有を米国が事実上、容認することになった。また、米国は北朝鮮の新型弾道ミサイル開発を阻止することもできなかった。バイデン氏は、トランプ政権よりも強硬な態度を北朝鮮に対して取ることは間違いない。北朝鮮も対米対決姿勢を強めるであろう。

トランプ大統領の外交的功績は、イスラエルとの関係を強化したことだ。米国の仲介外交により、イスラエルはアラブ首長国連邦、バーレーン、スーダンと外交関係を樹立することができた。この親イスラエル路線はバイデン政権になっても継続されると思う。

トランプ政権時代の対中国経済制裁は、バイデン政権になっても継続される。さらに中国におけるウイグル人の人権抑圧、非公認のキリスト教会に対する弾圧について、人権を重視する立場から、米国は中国に対する批判を一層強めるであろう。

日本との同盟関係を重視するという米国の基本的姿勢に変化はない。ただし、慰安婦問題や徴用工問題に関して、韓国のロビー活動に対する米政府の姿勢に変化が生じる可能性がある。

ロシアとの関係についても、バイデン政権がウクライナ問題やベラルーシ問題を巡ってプーチン政権と緊張を高めるであろう。その結果、北方領土交渉の環境が悪化するかもしれない。

バイデン政権の誕生が沖縄に影響を与える可能性がある。他の都道府県と比べ、沖縄県は緊張感を持って、米大統領選挙に関する情報収集と分析を行っている。

〈県庁では基地対策課を中心に開票速報を見て情報を収集している。ワシントン事務所では今後の米国との交渉に向け、人事など米政府の態勢について情報を集めたい考えだ。

謝花喜一郎副知事は「民主党になろうと、共和党になろうと、基地に関する政策や中国との関係は同じだ。（米軍の）『集中から分散へ』という流れは変わらないだろう」と話した〉（二〇二〇年十一月五日『琉球新報』電子版）。

謝花副知事の分析は的確だ。ただし、米国と北朝鮮の関係を考慮すると沖縄にとって不都合な状況が生じる可能性がある。バイデン政権がトランプ政権よりも強硬な態度を北朝鮮に対して取ることになる結果、沖縄の米軍基地機能が強化される可能性があるからだ。十一月四日、東京で玉城デニー知事は、〈記者団に「昨年、米国に出向いて基地負担軽減や日米同盟の安定化について県の考え方を伝えた。どなたが大統領になっても引き続き要請し続けたい」と語った。「国同士で物事を進めるのではなく、沖縄という当事者が加わった上で現実的な議論をさせていただきたい」と強調した〉（前掲『琉球新報』)。

米国に住む沖縄系の人々の大多数は、ウチナーンチュ(沖縄人)というアイデンティティーを強く持っているが、ジャパニーズ(日本人)との自己意識は稀薄であるか、全く持っていない。日本語は話さないが、ウチナーグチ(琉球語)は話す沖縄系米国人もいる。これらの人々の中には、日本は沖縄を植民地として支配しているという認識もある。米国の沖縄系ロビーがアイデンティティーの政治の観点から、沖縄人は基地問題を含め自己決定権を持つという観点から、辺野古新基地建設問題に関して、当事者である沖縄県を加えた上で現実的な議論すべきだという主張が出てくる可能性がある。バイデン政権の一部の人々が、そのようなアイデンティティー政治を支持するであろう。

バイデン政権の誕生による最大の変化は、米国内でアイデンティティーの政治が強まり、それが人権重視という米民主党の伝統と結びついて、外交ゲームが複雑になることだ。その状況で、日本政府には、インテリジェンスの力を用いた情報収集と分析能力の強化が求められる。情報収集、分析はそれ自体が目的ではない。菅義偉首相のイニシアティブで、これらのインテリジェンスを活用し、日本の国民と国家のために最適解を出せる連立方程式を組み立てる必要がある。

本書は、日本の内政と米国情勢に通暁した手嶋龍一氏というパートナーなくして成立しませんでした。手嶋氏の御厚情に感謝します。中公新書ラクレの中西恵子編集長、フリーランス編集者南山武志氏の協力にも感謝します。

二〇二〇年十一月九日、曙橋（東京都新宿区）の自宅にて

佐藤　優

構成／南山武志
本文ＤＴＰ／市川真樹子

ラクレとは…la clef=フランス語で「鍵」の意味です。
情報が氾濫するいま、時代を読み解き指針を示す
「知識の鍵」を提供します。

中公新書ラクレ
710

菅《すが》政《せい》権《けん》と米《べい》中《ちゅう》危《き》機《き》

「大《だい》中《ちゅう》華《か》圏《けん》」と「日《にち》米《べい》豪《ごう》印《いん》同《どう》盟《めい》」のはざまで

2020年12月10日発行

著者……手嶋《てしま》龍一《りゅういち》　佐藤《さとう》優《まさる》

発行者……松田陽三
発行所……中央公論新社
〒100-8152 東京都千代田区大手町 1-7-1
電話……販売 03-5299-1730　編集 03-5299-1870
URL http://www.chuko.co.jp/

本文印刷……三晃印刷
カバー印刷……大熊整美堂
製本……小泉製本

Published by CHUOKORON-SHINSHA, INC.
Printed in Japan　ISBN978-4-12-150710-5　C1236

中公新書ラクレ　好評既刊

L639
米中衝突
――危機の日米同盟と朝鮮半島
手嶋龍一＋佐藤　優　著

米朝首脳会談を通じて「恋に落ちた」と金正恩を讃えるトランプ。北朝鮮の背後にあって「海洋強国」を目指す習近平の中国。朝鮮半島は中華圏に引き寄せられ、日本は米中衝突の最前線で烈風に曝されつつある。「米朝開戦か！」と騒がれていた2017年秋、早くも「米朝はいずれ結ぶ」と言い当てたインテリジェンスの巨匠2人が、「新アチソンライン」という新たな視座とともに提示する驚愕のシナリオとは。日本の危機を直視せよ！

L673
日韓激突
――「トランプ・ドミノ」が誘発する世界危機
手嶋龍一＋佐藤　優　著

GSOMIAをめぐり揺れに揺れた日韓。両国はついに全面衝突の様相に。「安倍政権が韓国を巧妙に追い詰め破棄させたのだ。この手法は、日本を開戦に踏み切らせたハル・ノートを思わせる。短期的には〝完勝〟(佐藤優氏)だが、「長期の視点に立てば極めて危うい一手」(手嶋龍一氏)だ。北東アジアに生じた日米韓の安保体制の綻びを、中露北が衝こうとしている。果たしてニッポンに苛烈な国際政局を生き抜く秘策はあるか。

L692
公安調査庁
――情報コミュニティーの新たな地殻変動
手嶋龍一＋佐藤　優　著

公安調査庁は謎に包まれた組織だ。日頃、どんな活動をしているのか、一般にはほとんど知られていない。それもそのはず。彼らの一級のインテリジェンスによって得られた情報は、官邸をはじめ他省庁に提供され活用されるからだ。つまり公安調査庁自身が表に出ることはない。日本最弱にして最小のインテリジェンス組織の真実を、インテリジェンスの巨人2人が炙り出した。本邦初の驚きの真実も明かされる。公安調査庁から目を離すな！